I0886379

El espejo del Dharma

Para los principiantes se sugiere el siguiente orden en la lectura o estudio de los libros del venerable Gueshe Kelsang Gyatso Rimpoché

Cómo transformar tu vida
Cómo comprender la mente
El camino gozoso de buena fortuna
El espejo del Dharma
Nuevo corazón de la sabiduría
Budismo moderno
Caminos y planos tántricos
Nueva guía del Paraíso de las Dakinis
Esencia del vajrayana
Las instrucciones orales del Mahamudra
Gran tesoro de méritos
Nuevo ocho pasos hacia la felicidad
Introducción al budismo
Cómo solucionar nuestros problemas humanos
Tesoro de contemplación
El voto del Bodhisatva
Compasión universal
Nuevo manual de meditación
Una vida con significado, una muerte gozosa
Océano de néctar
Gema del corazón
La luz clara del gozo
Mahamudra del tantra

Obra recomendada: *Guía de las obras del Bodhisatva*, de Shantideva, traducido del tibetano al inglés bajo la compasiva guía del venerable Gueshe Kelsang Gyatso Rimpoché.

Este libro se ha publicado bajo los auspicios del **Proyecto Internacional de Templos de la NKT–IKBU**.
Los beneficios de su venta se destinan a dicho proyecto.
La NKT–IKBU es una organización budista sin ánimo de lucro dedicada a fomentar la paz en el mundo, registrada en Inglaterra con el número 1015054. Para más información:
www.tharpa.com/mx/

Venerable Gueshe Kelsang
Gyatso Rimpoché

El espejo del Dharma

CÓMO DESCUBRIR EL VERDADERO
SIGNIFICADO DE LA VIDA HUMANA

Editorial Tharpa
ESPAÑA • MÉXICO • ARGENTINA
REINO UNIDO • CANADÁ • EE. UU.
AUSTRALIA • ASIA

Editado por primera vez en inglés en el año 2018 como
The Mirror of Dharma.

Tharpa tiene oficinas en varios países del mundo.
Los libros de Tharpa se publican en numerosas lenguas.
Para más detalles véase la página 289.

Editorial Tharpa
Enrique Rébsamen No 406, Col. Narvate,
C.P. 03 020, Ciudad de México, México.
Tel: +01 (55) 56 39 61 86, Tel/Fax: +01 (55) 56 39 61 80
Email: info.mx@tharpa.com
www.tharpa.com/mx/

© 2018 Centro de Meditación Kadampa Vajrayana.
Editorial Tharpa
© 2018 New Kadampa Tradition –
International Kadampa Buddhist Union
© Traducción 2018 New Kadampa Tradition –
International Kadampa Buddhist Union
Traducción: Departamento de traducción de Editorial Tharpa España

El derecho de Gueshe Kelsang Gyatso a ser identificado
como autor de esta obra ha sido certificado según
la ley de derechos de autor, diseños y patentes,
del Reino Unido, de 1988
(*Copyright, Designs and Patents Act 1988*).

Todos los derechos reservados para todo el mundo.
Queda prohibido, bajo las sanciones establecidas por las
leyes, reproducir o transmitir esta publicación, total o parcialmente
(salvo, en este último caso, para su cita expresa en un texto diferente,
mencionando su procedencia), por ningún sistema de recuperación
de información ni por cualquier medio, sea mecánico, fotoquímico,
electrónico, magnético, electroóptico, por fotocopia, grabación
o cualquier otro, sin la autorización previa
por escrito de la editorial.

Diseño de la cubierta: © NKT-IKBU 2018
Imagen de la cubierta: © Korpithas/Faenkova Elena/Shutterstock.com

ISBN: 978-84-1711-258-5 – Rústica
ISBN: 978-84-1711-260-8 – ePub
ISBN: 978-84-1711-261-5 – Mobi (Kindle)
Depósito legal: M-7173-2018
Impreso en México/Printed in Mexico
Imprenta Grupo Apóstrofe.

Índice general

Ilustraciones

Nota del departamento de traducción

Deseamos señalar que a lo largo del texto los nombres propios en tibetano se han escrito según un sistema fonético básico. Debido a que en la lengua tibetana hay muchos sonidos que no existen en español, la introducción de estos fonemas es ineludible. Por ejemplo, en tibetano hay una consonante que se pronuncia *ya* y otra *yha*, como la *j* inglesa. Así, en Manyhushri, Yhe Tsongkhapa, etcétera, la *yha* ha de pronunciarse como la *j* inglesa.

Para representar los términos sánscritos se ha seguido un sistema simple de transliteración, porque evoca la pureza de la lengua original de la que proceden. Así, se ha escrito *Dharma* y no *Darma*, *Sangha* y no *Sanga*, etcétera. No obstante, se ha optado por castellanizar algunos términos y sus derivados, como Buda, budismo, Budeidad, etcétera, por estar más asimilados a nuestra lengua. *Tantra* y *Sutra* con mayúscula se refieren a los textos de Buda Shakyamuni en los que se muestran estos senderos; y con minúscula, a los caminos espirituales propiamente dichos. La Real Academia Española ha incorporado en su *Diccionario de la Real Academia Española* las palabras *karma, lama, mandala, mantra, nirvana, samsara, tantra* y *yogui*. Las palabras extranjeras se han escrito en cursiva solo la primera vez que aparecen en el texto.

En la transcripción de un texto, cuando se ha omitido un fragmento del original se ha indicado con el signo de puntos encorchetados, tres puntos entre corchetes ([...]), colocado en el lugar del texto suprimido.

El verbo *realizar* se utiliza en ocasiones con el significado de 'comprender', dándole así una nueva acepción como término budista.

PRIMERA PARTE
Adiestramiento en la contemplación

Buda Shakyamuni

Introducción

La exposición que se presenta en este capítulo resultará muy beneficiosa para aquellos que deseen practicar las instrucciones tan profundas y bendecidas que se exponen en los siguientes capítulos. El tema de este libro es cómo poner en práctica las enseñanzas de Buda, el *Dharma*.

La primera pregunta que debemos hacernos es: «¿Por qué necesitamos practicar las enseñanzas de Buda?». La respuesta es muy sencilla. Porque deseamos ser felices en todo momento, y la única manera de colmar este deseo es poner las enseñanzas de Buda en práctica. Por lo tanto, hemos de practicar las enseñanzas de Buda, el Dharma, con pureza y sinceridad.

Aunque por lo general deseamos ser felices en todo momento, incluso cuando dormimos, no sabemos cómo conseguirlo. Si alguien nos preguntara qué hacer para lograrlo, no tendríamos una respuesta clara. ¿Tienes tú una respuesta clara? Algunas personas dirían: «Yo sería feliz en todo momento si fuera rico, disfrutara de una buena reputación y tuviese la oportunidad de mantener una relación con la persona que deseo». Lo siento mucho, pero ¡eso no es cierto! Vemos que muchas personas que poseen todas estas cosas también sufren de profunda infelicidad y tienen numerosos problemas. Muchas personas de alto poder adquisitivo y las que ocupan cargos importantes experimentan grandes sufrimientos y están sometidas a numerosos peligros. En todo momento podemos ver y escuchar noticias sobre este tipo de situaciones.

Además, hemos de saber que cuando, por ejemplo, disfrutamos de unas vacaciones, puede que nos sintamos felices, pero este disfrute no es verdadera felicidad; es solo una reducción de nuestros problemas anteriores. Si la felicidad que experimentamos al irnos de vacaciones fuera verdadera, las vacaciones en sí mismas serían una verdadera causa de felicidad. Pero esto no es así porque, como sabemos, las vacaciones también pueden causarnos numerosos problemas. Lo mismo puede decirse de otros disfrutes, como comer, beber y las actividades sexuales. Por ejemplo, si el placer que sentimos al comer fuera verdadera felicidad, el mero hecho de comer sería una verdadera causa de felicidad. Si fuera así, entonces, cuanto más comiésemos sin parar, más aumentaría nuestra felicidad. Pero, de hecho, lo cierto es lo contrario. De ello podemos comprender que en este mundo impuro nadie disfruta de felicidad ni libertad verdaderas. Esto se debe a que todos buscan la felicidad en objetos erróneos, y todos padecen los problemas del deseo incontrolado y la ignorancia.

La única manera de lograr ser felices y hacer felices a los demás en todo momento es por medio de la práctica de las enseñanzas de Buda. Esto es así porque la felicidad depende de una mente apacible. Si ponemos en práctica las enseñanzas de Buda, podremos generar y mantener una mente apacible en todo momento, con lo cual seremos felices todo el tiempo; cualesquiera que sean las circunstancias externas, buenas o malas, si mantenemos una mente apacible en todo momento, siempre seremos felices.

Hemos de ser conscientes de que ahora mismo disponemos de una vida humana y hemos encontrado el *Budadharma*. Si ponemos en práctica las enseñanzas de Buda, tenemos la oportunidad de mantener una mente apacible en todo momento, durante toda la vida y vida tras vida. Esta es una oportunidad preciosa y maravillosa que nunca deberíamos desperdiciar. Con este entendimiento hemos de animarnos a nosotros mismos a practicar las enseñanzas de Buda, el Dharma, con pureza y sinceridad. De este modo hemos de guiarnos a nosotros mismos hacia el camino espiritual, el cual llenará de gran sentido tanto nuestra vida presente como las futuras. Las enseñanzas de Buda, el Dharma, son el único método verdadero para ser felices y hacer felices a los demás en todo momento, no solo en esta vida, sino también en las incontables vidas futuras. Por lo tanto, son la fuente de toda la felicidad.

También debemos pensar: «¿Por qué he de preocuparme de mis vidas futuras?». Porque la felicidad y la libertad de nuestras vidas futuras son más importantes que las de esta vida. Nuestra vida presente es solo una vida. Si muriéramos hoy, se acabaría hoy mismo; en cambio, las vidas futuras son incontables y no tienen fin. Sabemos que la mayoría de las personas se preocupan solo por esta vida, no por las futuras y, por lo tanto, no piensan en la felicidad y la libertad de sus incontables vidas futuras. Esto es así porque no saben que existen las vidas futuras.

Si entendiéramos de manera correcta la naturaleza y la función de la mente, comprenderíamos con claridad la existencia de las vidas futuras. A menudo decimos: «Mi mente, mi mente», pero, si alguien nos preguntara qué es la mente, no sabríamos dar una respuesta acertada. Esto se debe a que no comprendemos de manera correcta la naturaleza y la función de la mente. La mente por naturaleza es algo vacío como el espacio, que carece siempre de materia, forma y color. La mente no es espacio propiamente dicho porque el espacio producido posee forma y color. Durante el día puede ser claro, y por la noche, oscuro, pero la mente nunca posee forma ni color.

La mente es vacía, pero no es correcto decir que la mente sea vacuidad. ¿Qué diferencia hay entre vacío y vacuidad? En el budismo, la vacuidad entraña un gran significado. Es la verdadera naturaleza de los fenómenos y es un objeto muy profundo y de gran trascendencia. Si comprendemos de manera directa la vacuidad, alcanzaremos la liberación permanente de todos los sufrimientos de esta vida y de las innumerables vidas futuras; no hay nada con mayor sentido. Por lo tanto, la vacuidad es un objeto que encierra un gran significado; en cambio, el vacío es mero vacío y no tiene especial relevancia. Por lo tanto, decimos que la mente es vacía en el sentido de que carece siempre de materia, forma y color; y que el espacio es vacío porque carece de contacto obstructor. Y cuando decimos: «Tengo el monedero vacío», queremos decir que no hay dinero dentro. De esta manera podemos comprender que vacío y vacuidad tienen significados muy distintos.

La función de la mente es percibir o comprender objetos. Por lo general decimos: «Veo esto y aquello» porque nuestra mente ve esos objetos. Debido a que nuestra mente comprende las cosas, decimos: «Entiendo». Por lo tanto, nuestra percepción y comprensión son funciones de la mente; sin ella seríamos incapaces de percibir y comprender objetos.

Otra de las funciones principales de la mente es designar objetos. Sin nombre las cosas no podrían existir. La mente designa nombres al pensar: «Esto es tal cosa». Por lo tanto, los objetos solo existen debido a que la mente los designa. De ello podemos comprender que todo es creado por la mente, incluido el universo. No hay ningún creador aparte de la mente. Esta verdad no es difícil de comprender si se analiza con una mente positiva.

Así pues, en resumen, la *mente* se define como «aquello cuya naturaleza es vacía como el espacio, que siempre carece de materia, forma y color, y cuya función es percibir o comprender objetos». Al comprender de manera correcta la naturaleza y las funciones de la mente, entenderemos que nuestra mente es algo completamente diferente del cuerpo, lo que demuestra que al morir, aunque nuestro cuerpo muera, la mente no. La mente abandona el cuerpo y parte hacia la próxima vida, como un pájaro que se va de un nido para volar a otro. O, por ejemplo, al dormir, cuando soñamos, nuestro cuerpo permanece en la cama, mientras que nuestra mente entra en el mundo onírico, donde ve y experimenta numerosos objetos oníricos diferentes. Esto muestra que cuando morimos, nuestro cuerpo permanece en este mundo, pero nuestra mente se va a la próxima vida y, como en un sueño, ve y experimenta numerosas cosas diferentes de su próxima vida. Si lo comprendemos, no tendremos dudas sobre la existencia de las vidas futuras.

Después de morir, obtendremos de inmediato un nuevo cuerpo, el cuerpo de un ser del estado intermedio, que es un ser sintiente que se encuentra entre su vida pasada y su próximo renacimiento. Por lo general, el espacio de vida de los seres del estado intermedio es solo de cuarenta y nueve días. Dentro de ese espacio de tiempo obtendrán su próximo renacimiento como un ser humano, un dios o un semidiós, o en los reinos inferiores, como un animal, un espíritu ávido o un ser de los infiernos. Si nacemos como un ser humano, tendremos que experimentar el sufrimiento humano, y si nacemos como un animal, el sufrimiento animal, etcétera.

Debemos saber que hemos renacido como un ser humano en este mundo porque en vidas anteriores realizamos acciones virtuosas contaminadas que nos hicieron obtener dicho renacimiento en este mundo impuro. Esta es la razón por la que nos encontramos aquí. Nadie nos ha enviado a este mundo diciendo: «Tienes que ir al mundo humano y vivir allí». Del mismo modo, los animales han renacido como un animal en su propio reino debido a que en sus vidas anteriores cometieron acciones perjudiciales que fueron la causa principal de que obtuvieran dicho renacimiento.

Nadie tiene el poder ni la autoridad para decir a los seres sintientes: «Tú tienes que ir al reino humano, al reino animal, al reino de los infiernos o al reino de los dioses». Debido a las diferentes acciones o karma que hemos acumulado desde tiempo sin principio, todos obtenemos distintos renacimientos y experimentamos diferentes sufrimientos.

Gracias a las explicaciones detalladas que dio Buda, podemos comprender la conexión entre las acciones, virtuosas o perjudiciales, que realizamos en vidas anteriores, y las experiencias, de felicidad o sufrimiento, que tenemos en esta vida.

Para demostrar esta conexión, Buda dio también muchos ejemplos. Había una vez un hombre llamado Shri Data que había cometido muchas acciones perjudiciales muy graves. Años después, cuando ya era anciano, Shri Data pidió a Buda que le confiriera la ordenación. Se dice que para recibir la ordenación monástica es necesario tener al menos un pequeño potencial virtuoso en nuestro continuo mental que sea causa de la liberación –la paz interior suprema y permanente llamada *nirvana*–; pero cuando los discípulos clarividentes de Buda examinaron a Shri Data, no pudieron encontrar ninguno, por lo que concluyeron que no era apropiado ordenarlo. No obstante, estos discípulos no podían ver los potenciales kármicos sutiles que solo los seres iluminados pueden percibir. Cuando Buda observó la oscura mente de Shri Data, vio un pequeño potencial de virtud y dijo a sus discípulos: «Hace muchos eones, Shri Data era una mosca y un día se posó sobre el excremento de un caballo, cerca de una estupa de Buda. En ese momento llovía con intensidad y el agua arrastró el excremento con la mosca alrededor de la estupa. Aunque la mosca no tenía intención de dar vueltas alrededor de la estupa, por el mero hecho de verla recibió bendiciones de Buda y en su mente quedó grabado un potencial virtuoso para alcanzar la liberación». Entonces Buda le confirió la ordenación. Como resultado, los potenciales virtuosos de Shri Data se incrementaron y alcanzó la liberación en esa misma vida.

En las instrucciones del Lamrim se dice que con solo mirar una imagen de Buda se graba en nuestra mente un potencial o impresión mental que es una causa para alcanzar la iluminación. Esto se debe a que los Budas son completamente puros y están más allá del ciclo de vidas impuras, el *samsara*. Este potencial se encuentra en el interior de nuestra mente impura; aunque el recipiente, nuestra mente, es impuro, su contenido, el potencial que resulta del mero hecho de haber visto una imagen de Buda, es siempre puro. Este potencial nos aportará un gran significado, como se puede ver en la historia de Shri Data.

Otra pregunta que debemos hacernos es: «¿Por qué necesito la liberación permanente del sufrimiento?». Porque la liberación temporal de un sufrimiento en particular no es suficiente; incluso los animales pueden lograr dicha clase de liberación. Por el momento puede que estemos libres de sufrimiento físico y mental, pero esto es solo temporal. Más adelante en esta vida y en las incontables vidas futuras, tendremos que experimentar sufrimientos físicos y dolor mental insoportables una y otra vez de manera interminable. Por lo tanto, no hay duda de que necesitamos alcanzar la liberación permanente de todos los sufrimientos de esta vida y de las incontables vidas futuras. En el budismo, esta liberación permanente se denomina *nirvana*. Solo podemos alcanzarla mediante la práctica de las enseñanzas de Buda, principalmente de sus instrucciones sobre la ausencia de entidad propia o vacuidad. En la segunda parte de este libro, en la sección «Adiestramiento en la meditación de la vacuidad», se presenta una exposición esencial de la vacuidad, y en el libro *Budismo moderno*, una extensa.

Las enseñanzas de Buda, el Dharma, son el método práctico para descubrir el verdadero significado de la vida humana. Debido a que el Dharma es muy profundo, cuando leemos libros de Dharma, debemos contemplar su significado una y otra vez hasta que nos llegue al corazón. Esto es muy importante para todos.

Yhe Tsongkhapa

Visión profunda y esencial de

Los tres aspectos principales del camino hacia la iluminación

Yhe Tsongkhapa impartió las instrucciones de *Los tres aspectos principales del camino hacia la iluminación* como consejos de su corazón. Aquí presento un comentario esencial de estas instrucciones.

¿QUIÉN ES YHE TSONGKHAPA?

Desde el punto de vista de la percepción común, Yhe Tsongkhapa era un maestro y erudito budista tibetano, y es el fundador del nuevo linaje kadampa. El maestro budista indio Atisha fundó el linaje kadampa en general, y Yhe Tsongkhapa, el nuevo linaje kadampa en particular. Ambos linajes constituyen la esencia misma de las enseñanzas de Buda y son idóneos para las personas de esta época moderna.

En verdad, Yhe Tsongkhapa es una emanación de Buda Shakyamuni, el fundador del budismo. Buda se emana como Yhe Tsongkhapa para difundir por todo el mundo sus enseñanzas puras del sutra y del tantra en general, y del tantra del yoga supremo en particular. En el capítulo «La predicción» del *Sutra del rey de las instrucciones*, Buda anunció una predicción sobre Yhe Tsongkhapa. En ella menciona su verdadero nombre, Losang Dragpa, que en sánscrito es Sumati Kirti, así como el del monasterio que Yhe Tsongkhapa fundó cerca de Lhasa, llamado Ganden, y vaticina cómo Losang Dragpa dilucidaría las enseñanzas del sutra y del tantra para evitar que las personas sigan creencias equívocas. Esta predicción revela que en verdad el propio Buda se emana como Yhe Tsongkhapa para difundir su doctrina por todo el mundo.

En la *Escritura de emanación Ganden*, el Buda de la Sabiduría Manyhushri dijo:

«Tsongkhapa, corona de los eruditos de la Tierra de las Nieves,
eres Buda Shakyamuni y Vajradhara, fuente de todas las realizaciones,
Avalokiteshvara, tesoro de compasión inconcebible,
Manyhushri, suprema sabiduría inmaculada,
y Vajrapani, destructor de la multitud de maras.
¡Oh, venerable Guru Buda!, síntesis de las Tres Joyas,
con respeto, con mi cuerpo, palabra y mente, te suplico;
bendícenos a mí y a los demás seres para que nos liberemos y realicemos,
y concédenos las realizaciones comunes y supremas».

Esta oración de súplica a Yhe Tsongkhapa demuestra que Yhe Tsongkhapa es la manifestación de Buda Shakyamuni, de Buda Vajradhara, de Avalokiteshvara –el Buda de la Compasión–, de Manyhushri –el Buda de la Sabiduría– y de Vajrapani –el Buda del Poder Espiritual–. Esto, a su vez, demuestra que es la manifestación de todos los Budas. Así pues, si confiamos con sinceridad en Yhe Tsongkhapa y ponemos en práctica sus instrucciones orales con fe firme, alcanzaremos muy pronto la iluminación. El gran practicante Gyalgua Ensapa y muchos de sus seguidores la alcanzaron en tres años gracias a que practicaron con sinceridad las instrucciones orales de Yhe Tsongkhapa. ¡Esto es magia pura!

Numerosos eruditos han confirmado que el poder de las bendiciones de Yhe Tsongkhapa y sus diestros métodos para conducir a los practicantes al estado de la iluminación no se pueden comparar con los de los demás Budas. Hemos de regocijarnos de haber encontrado la doctrina de Yhe Tsongkhapa y de tener la oportunidad de escuchar y practicar las instrucciones orales de este precioso Guru que es la síntesis de todos los Budas.

EXPOSICIÓN EN SÍ DE LA VISIÓN PROFUNDA Y ESENCIAL DE *LOS TRES ASPECTOS PRINCIPALES DEL CAMINO HACIA LA ILUMINACIÓN*

En el texto raíz, Yhe Tsongkhapa dice:

Voy a explicar lo mejor que pueda
el significado esencial de las enseñanzas de todos los Budas [la renuncia],
el camino principal de los Bodhisatvas, que tienen compasión por todos los seres sintientes [la bodhichita]
y el camino último de los seres afortunados que buscan la liberación [la visión correcta de la vacuidad].

No debes apegarte a los disfrutes mundanos,
sino esforzarte por extraer el verdadero sentido de la vida humana
por medio de la escucha y la práctica de las instrucciones que aquí se exponen,
que todos los Budas del pasado practicaron con deleite.

En esta etapa, al contemplar el significado de estas estrofas generamos una sensación de felicidad por haber recibido las preciosas instrucciones y los consejos de corazón de Yhe Tsongkhapa, y tomamos la firme determinación de ponerlos en práctica.

Debemos tener claro que en este mundo impuro no existe la verdadera felicidad. La felicidad que proviene de los disfrutes mundanos no es más que una disminución de los problemas que teníamos con anterioridad. Con este entendimiento debemos generar el deseo sincero de alcanzar la felicidad suprema de la iluminación, que es el verdadero sentido de la vida humana. Solo podemos alcanzarla nosotros, los seres humanos. En el momento en que alcanzamos la iluminación adquirimos la habilidad de beneficiar a diario a todos y cada uno de los seres sintientes con nuestras bendiciones y a través de nuestras innumerables emanaciones. La iluminación es la luz interior de la sabiduría que está libre para siempre de todas las apariencias equívocas y cuya función es proporcionar paz mental, la fuente de la felicidad, a todos y cada uno de los seres sintientes cada día. El método para alcanzar la iluminación es la renuncia, la *bodhichita* y la visión correcta de la vacuidad, que son los caminos que nos conducen a la iluminación, conocidos como *los tres aspectos principales del camino hacia la iluminación.*

RENUNCIA

La renuncia no significa que abandonemos a nuestros familiares y amigos, y que nos aislemos de las personas. En el budismo, la renuncia es parte de la sabiduría –una sabiduría que nos anima con intensidad a liberarnos de manera permanente de los renacimientos inferiores, de los renacimientos en el ciclo de vidas impuras, el samsara, o de renacimientos en los que poseamos una mente egoísta de estimación propia–. Necesitamos esta sabiduría que nos conduce por el camino correcto en nuestra búsqueda del verdadero significado de la vida humana.

El segundo verso de la primera estrofa del texto raíz dice que la renuncia es *el significado esencial de las enseñanzas de todos los Budas*. ¿Cómo podemos comprender esto? En el *Tantra que expresa los nombres de Manyhushri,* Buda dijo que aunque hay renuncias de los tres caminos, el resultado final es solo uno. Las renuncias de los tres caminos son: la renuncia que desea de manera espontánea liberarse uno mismo de los renacimientos inferiores para siempre, la renuncia que desea de manera espontánea liberarse uno mismo de los renacimientos en el samsara para siempre y la renuncia que desea de manera espontánea liberarse uno mismo y para siempre de renacimientos en los que poseamos una mente egoísta de estimación propia. La primera clase de renuncia es la renuncia de la persona del nivel inicial, la segunda es la de la persona del nivel medio y la tercera es la de la persona del nivel superior. Esto demuestra que la renuncia es muy importante para emprender el camino a la iluminación, recorrerlo y completarlo, lo que a su vez muestra que la renuncia es el significado esencial de las enseñanzas de todos los Budas. Aunque hay renuncias de los tres caminos, el resultado es solo uno, el logro de la iluminación.

CÓMO GENERAR RENUNCIA PURA

El texto raíz dice:

El apego a satisfacer tus propios deseos, el deseo incontrolado,
es la causa principal de todos tus problemas y sufrimiento,
y no hay ningún método para abandonarlo si no se genera primero la renuncia.
Así pues, debes aplicarte con gran esfuerzo para generar y mantener una renuncia pura.

Cuando, por medio del adiestramiento diario, generes de manera espontánea los pensamientos:
«Es posible que me muera hoy» y «una preciosa vida humana es muy difícil de encontrar»,

y medites sobre la verdad del karma y los
sufrimientos del ciclo de vidas impuras,
el samsara,
tu apego a los disfrutes mundanos cesará.

De este modo, cuando el deseo incontrolado por
los disfrutes mundanos,
no surja ni siquiera por un instante,
sino que día y noche aflore el intenso anhelo que
aspira a la liberación, el nirvana,
en ese momento habrás generado la renuncia pura.

La exposición del texto raíz sobre cómo generar renuncia pura es la misma que Yhe Tsongkhapa expuso en sus enseñanzas de Lamrim, y que yo también explico en detalle en el libro *Budismo moderno*. En base a instrucciones orales también podemos practicar como se describe a continuación. Imaginamos y contemplamos lo siguiente:

Hoy, como ser humano, disfruto de condiciones propias de los humanos y esta noche me voy a dormir como un ser humano; pero durante el sueño, debido al karma y otras circunstancias, mi respiración se detiene por completo. Al día siguiente, en lugar de despertar como un ser humano, aparezco en un lugar rodeado de fuego y mi cuerpo es inseparable de las llamas. He renacido en los infiernos, donde experimentaré dolores insoportables durante millones de años.

Al contemplar una y otra vez este escenario imaginado, que proviene de nuestra sabiduría, generaremos miedo de los renacimientos en el samsara en general y de los renacimientos inferiores en particular. Este miedo es renuncia y proviene de la sabiduría. Meditamos en esta renuncia de manera continua hasta que mantengamos este miedo día y noche sin olvidarlo nunca. En ese momento habremos generado renuncia pura o renuncia del camino. En este contexto, camino se refiere a un camino espiritual, una realización espiritual. La eficacia de esta meditación depende del potencial que tengamos para alcanzar realizaciones espirituales.

BODHICHITA

Bodhi significa 'iluminación', y *chita*, 'mente'. La bodhichita es la mente que desea de manera espontánea alcanzar la iluminación para beneficiar a todos y cada uno de los seres sintientes cada día. Es la entrada del camino a la iluminación, y el buen corazón supremo de los Hijos y las Hijas de los Budas Vencedores, llamados también *Bodhisatvas*. Los Bodhisatvas pronto se convertirán en Budas o seres iluminados y nosotros deberíamos emular su ejemplo. En el momento en que generamos la bodhichita nos convertimos en un Hijo o una Hija de los Budas y pronto nos convertiremos en un Buda. ¡Qué maravilla!

CÓMO GENERAR LA PRECIOSA MENTE DE BODHICHITA

El texto raíz dice:

No obstante, si esta renuncia no se mantiene
con la mente compasiva de bodhichita,
no será causa de la felicidad insuperable,
la iluminación;
por lo tanto, debes aplicarte con esfuerzo en generar
la preciosa mente de bodhichita.

Mediante la contemplación del significado de esta estrofa tomamos la determinación de esforzarnos en generar la preciosa mente de bodhichita en base a las siguientes estrofas:

Arrastrados por la corriente de los cuatro ríos
poderosos [el nacimiento, la vejez,
las enfermedades y la muerte],

atados con fuerza por las cadenas del karma,
tan difíciles de romper,
atrapados en la férrea malla del aferramiento propio,
velados totalmente por la negra oscuridad de la ignorancia,

sometidos a un renacimiento tras otro en el samsara sin límites
y atormentados sin cesar por los tres sufrimientos [las sensaciones dolorosas, el sufrimiento del cambio y el sufrimiento subyacente]:
al contemplar la situación de tus madres, todos los seres sintientes, en circunstancias como estas,
genera la mente suprema de la bodhichita.

En esta práctica hay cinco etapas de contemplación y meditación. Primero reconocemos con intensidad que todos los seres sintientes son nuestras madres. En el *Sutra conciso de la perfección de la sabiduría,* Buda dijo: «Debéis reconocer a todos los seres sintientes como vuestras madres y padres y ayudarlos siempre con amorosa bondad y compasión». Hemos de guardar este consejo en el corazón.

Debido a que cambiamos de renacimiento, no nos reconocemos los unos a los otros y, por ello, creemos que hay muchos enemigos e innumerables desconocidos. Esta es una creencia equívoca y es ignorancia. En verdad, todos los seres sintientes son nuestras madres. Como nuestras vidas pasadas son incontables, hemos obtenido innumerables renacimientos, y en cada uno de ellos tuvimos una madre, por lo que tenemos incontables madres. ¿Dónde están ahora todas ellas? Son todos los seres sintientes que viven actualmente. Con este entendimiento y reflexión, desde lo más profundo del corazón reconocemos que todos los seres sintientes son nuestras bondadosas madres y los estimamos con este convencimiento: «Ellos son más importantes que yo porque yo soy solo una persona».

Con este amor que estima a todos los seres sintientes realizamos la siguiente práctica. En la primera etapa contemplamos y pensamos en profundidad cómo los incontables seres sintientes, nuestras madres, experimentan el ciclo de los sufrimientos del nacimiento, las enfermedades, la vejez y la muerte de manera continua, vida tras vida sin cesar. Hemos de recordar la exposición detallada al respecto que se presenta en el libro *Budismo moderno*. Entonces generamos un intenso deseo de liberarlos a todos de manera permanente de dicho sufrimiento. Este deseo es compasión hacia todos los seres sintientes. Para colmarlo tomamos la firme determinación de alcanzar la iluminación. Esta determinación es la mente compasiva de bodhichita. Entonces meditamos en dicha determinación de manera continua hasta que la mantengamos día y noche sin olvidarla nunca.

En la segunda etapa, contemplamos cómo todos los seres sintientes, nuestras madres, están atados con fuerza por las cadenas del karma –las acciones perjudiciales que han cometido inducidos por apego, odio o ignorancia, y a causa de las cuales nunca se liberan del sufrimiento y los problemas–. Generamos un deseo sincero de liberarlos a todos de manera permanente de estas cadenas, que es compasión. Para colmar este deseo tomamos la firme determinación de alcanzar la iluminación. Esta determinación es bodhichita. Entonces meditamos en dicha determinación de manera continua hasta que la mantengamos día y noche sin olvidarla nunca.

En la tercera etapa, el texto raíz dice que los seres sintientes están *atrapados en la férrea malla del aferramiento propio*. En este contexto, el *aferramiento propio* se define como «la mente que cree de manera equívoca que el propio yo o los demás que normalmente vemos o percibimos existen de verdad». Hemos de contemplar el significado de esta definición una y otra vez hasta reconocer con claridad la ignorancia del aferramiento propio, que siempre mora en nuestro corazón y cuya función es destruir nuestra paz mental y felicidad. Con este reconocimiento contemplamos que, debido a que todos y cada uno de los seres sintientes están atrapados en la férrea malla del aferramiento propio, ninguno disfruta de verdadera felicidad. Esto se debe a que su ignorancia de aferramiento propio, presente siempre en su corazón, destruye continuamente su paz mental, la fuente de la felicidad. Al comprenderlo y pensar sobre ello generamos un deseo sincero de ofrecer felicidad pura a todos los seres sintientes, que son nuestras madres. Para colmarlo tomamos la firme determinación de alcanzar la iluminación. Esta determinación es bodhichita. Meditamos en ella de manera continua hasta que la mantengamos día y noche sin olvidarla nunca.

En la cuarta etapa contemplamos que aunque todos y cada uno de los seres sintientes desean ser felices en todo momento y liberarse de manera permanente de toda clase de problemas y sufrimientos, no saben cómo lograrlo. Esto se debe a que sus mentes están profundamente veladas por la densa oscuridad de la ignorancia que no comprende la verdadera naturaleza de las cosas. Todo lo que ven o perciben es una apariencia equívoca, una alucinación. Al comprenderlo y reflexionar sobre ello, generamos el deseo sincero de liberar de manera permanente a todos los seres sintientes de la ignorancia, la mente que cree de manera equívoca que las cosas que normalmente vemos existen de verdad. Para colmarlo tomamos la firme determinación de alcanzar la iluminación. Esta determinación es bodhichita. Meditamos en ella de manera continua hasta que la mantengamos día y noche sin olvidarla nunca.

En la quinta etapa contemplamos cómo todos y cada uno de los seres sintientes vagan vida tras vida por el samsara, el ciclo interminable de vidas impuras, y experimentan los sufrimientos de sensaciones dolorosas, el sufrimiento del cambio y el sufrimiento subyacente, como se expone en detalle en los libros *El camino gozoso de buena fortuna* y *Gran tesoro de méritos*. Al contemplar esto una y otra vez, generamos el deseo sincero de liberarlos a todos de manera permanente de este sufrimiento. Para colmarlo tomamos la firme determinación de alcanzar la iluminación. Esta determinación es bodhichita. Meditamos en ella de manera continua hasta que la mantengamos día y noche sin olvidarla nunca.

El significado de estas exposiciones sobre las contemplaciones y meditaciones tanto de la renuncia como de la bodhichita es muy claro. No obstante, nuestro problema principal es que nuestro entendimiento es solo intelectual y no nos llega al corazón, y por ello no logramos nada. Lo que realmente necesitamos es adquirir una experiencia profunda de estas contemplaciones y meditaciones. Por medio de este adiestramiento hemos de transformar nuestra mente, primero en renuncia, luego en amor que estima a todos los seres sintientes, luego en compasión por todos ellos y por último en bodhichita. Este es el consejo de corazón de Yhe Tsongkhapa.

LA VISIÓN CORRECTA DE LA VACUIDAD

La sabiduría que cree que las cosas o los fenómenos que normalmente vemos o percibimos no existen es la visión correcta de la vacuidad. Esta sabiduría se llama *visión correcta de la vacuidad* debido a que su objeto es la vacuidad, la mera ausencia de las cosas o los fenómenos que normalmente vemos o percibimos. Esta es la única visión correcta por medio de la cual podemos alcanzar la liberación permanente del sufrimiento y la ignorancia. Creer que las cosas que normalmente vemos o percibimos existen en realidad es ignorancia, la raíz de todo el sufrimiento. En el *Sutra de la perfección de la sabiduría*, Buda dice que si buscamos las cosas con sabiduría, no podremos encontrarlas. No es posible encontrar nuestra forma [cuerpo], sensaciones, discernimiento, factores productores ni consciencia. Así pues, no podemos encontrar nuestro yo. Esto demuestra que las cosas que normalmente vemos no existen. Para una exposición detallada al respecto véase el libro *Budismo moderno*.

Si las cosas que normalmente vemos no existen, entonces ¿cómo existen las cosas en realidad? Las cosas existen en dependencia de sus meros nombres. Si estamos satisfechos con sus meros nombres, las cosas existen. Aparte de sus meros nombres, no existe nada en absoluto.

Para solucionar nuestros problemas cotidianos podemos realizar la siguiente práctica. Desde el corazón debemos comprender y pensar: «Todos los sufrimientos, problemas, dificultades, enfermedades, sentimientos dolorosos, el que me perjudiquen, no encontrar lo que deseo y perder aquello a lo que tengo apego, que experimenta el yo que normalmente veo, no existen. Esto se debe a que el yo que normalmente veo no existe». Si lo comprendemos y pensamos sobre ello en profundidad, conseguiremos relajarnos y permanecer con una mente apacible en todo momento, por lo que siempre nos sentiremos felices. De este modo, debido a que seremos felices en todo momento, nuestros problemas desaparecerán.

Hay tres niveles de visión correcta de la vacuidad: según los Sutras hinayanas, según los Sutras mahayanas y según el vajrayana. La visión suprema de la vacuidad es la que Buda expuso en el vajrayana. En el vajrayana o tantra, Buda explicó la unión de la apariencia y la vacuidad. La sabiduría que comprende esta unión es la visión correcta de la vacuidad, que es la visión última de Buda. La unión de la apariencia y la vacuidad significa que todos los fenómenos –la apariencia– y su vacuidad son un objeto, no dos. Por ejemplo, nuestro cuerpo –la apariencia– y su vacuidad son un objeto, no dos. Cuando vemos nuestro cuerpo, en realidad solo vemos su vacuidad porque la verdadera naturaleza de nuestro cuerpo es su vacuidad. No obstante, debido a nuestra ignorancia, no lo comprendemos. Por lo general vemos nuestro cuerpo como si fuera algo que existe por su propio lado. Esta es una apariencia equívoca y a partir de ella surgen todos los sufrimientos y problemas sin cesar. Hemos de saber que no hay ningún «mi cuerpo» que sea otro que su vacuidad. Hemos de aplicar este conocimiento a todos los demás fenómenos. Para comprender de manera correcta el tema de la unión hemos de ser muy pacientes. Cuando, como resultado de haber comprendido de manera correcta la unión de la apariencia y la vacuidad y de habernos adiestrado en ella continuamente, tengamos una experiencia directa de la unión de la apariencia y la vacuidad, experimentaremos de forma directa nuestro entorno, disfrutes, cuerpo y mente como los de un ser iluminado, y tendremos la experiencia directa de ser nosotros mismos un ser iluminado –la unión de Buda, la unión de Vajradhara, la unión de Heruka y demás–.

El texto raíz dice:

Pero, aunque te hayas familiarizado con la renuncia y la bodhichita,
si no posees la sabiduría que comprende el modo en que realmente existen los fenómenos,
no serás capaz de cortar la raíz del samsara;
por lo tanto, esfuérzate en aplicar los métodos para comprender la relación dependiente.

Yhe Tsongkhapa nos aconseja diciendo: «*Por lo tanto, esfuérzate en aplicar los métodos para comprender la relación dependiente*». La relación dependiente es un tema muy importante. Si la comprendemos de manera correcta, entenderemos el modo en que las cosas realmente existen. El gran erudito Aryadeva dijo:

«Al igual que el poder sensorial del cuerpo impregna todo el cuerpo,
la ignorancia impregna todas las perturbaciones mentales.
Así pues, si cortamos nuestra ignorancia poniendo mucho esfuerzo en comprender el verdadero significado de la relación dependiente,

todas nuestras perturbaciones mentales cesarán.
Guarda, por favor, esta instrucción en tu corazón».

Las cosas existen en dependencia de sus causas y condiciones, en dependencia de sus partes, en dependencia de su base de designación y en dependencia de su mero nombre. Esta última es la relación dependiente sutil. Cuando comprendamos la relación dependiente sutil, nuestra comprensión de la vacuidad será cualificada. El que las cosas o fenómenos existan en dependencia de sus causas y condiciones prueba que no existen por su propio lado, lo que, a su vez, demuestra que las cosas que normalmente vemos o percibimos no existen. Esto, a su vez, demuestra que las cosas existen en dependencia de su mero nombre, que es el verdadero significado de la relación dependiente. El modo en que las cosas existen en realidad es en dependencia de su mero nombre. No hay nada aparte de su mero nombre. Esta es la relación dependiente sutil.

Hemos de practicar la contemplación y meditación siguiente:

El que las cosas o fenómenos existan en dependencia de sus causas y condiciones prueba que no existen por su propio lado. Esto, a su vez, demuestra que las cosas que normalmente vemos o percibimos no existen, lo que, a su vez, demuestra que las cosas existen en dependencia de su mero nombre. El modo en que las cosas existen en realidad es en dependencia de su mero nombre.

Cuando, al haber contemplado esto una y otra vez, comprendamos con claridad que el modo en que las cosas realmente existen es en dependencia de su mero nombre, mantenemos este profundo conocimiento en nuestro corazón y meditamos en él durante tanto tiempo como podamos. Como resultado de practicar de manera continua esta contemplación y meditación, nuestro aferramiento propio, la raíz de todo el sufrimiento, disminuirá y finalmente cesará por completo.

El texto raíz dice:

Cuando veas con claridad los fenómenos, como
el samsara y el nirvana, y la causa y el efecto,
tal y como existen,
y al mismo tiempo comprendas que los fenómenos
que normalmente ves o percibes no existen,
habrás entrado en el camino de la visión correcta
de la vacuidad,
y así deleitarás a todos los Budas.

En esta etapa hemos de lograr dos objetivos: 1) Negar los objetos de negación de la vacuidad –las cosas y los fenómenos que normalmente vemos o percibimos– y 2) comprender que los fenómenos del samsara y del nirvana, y las causas y los efectos, existen en realidad. Cuando hayamos logrado los dos objetivos sin ver ninguna contradicción entre ellos, habremos entrado en el camino de la visión correcta de la vacuidad, y así deleitaremos a todos los Budas.

El texto raíz dice:

Si percibes y crees que la apariencia –los fenómenos–
y el vacío –la vacuidad de los fenómenos–,
son duales,
aún no has comprendido la intención de Buda.

Con estas palabras, Yhe Tsongkhapa nos dice que si percibimos y creemos que la apariencia y la vacuidad son duales, aún no hemos comprendido la intención de Buda. Así pues, hemos de esforzarnos en entender la intención última de Buda, que es comprender la no dualidad de la apariencia y la vacuidad.

Por lo general, todos los fenómenos se incluyen en dos: apariencia y vacuidad. Los fenómenos propiamente dichos son apariencia, y su vacuidad, vacío. Esta apariencia y vacío son no duales, lo que significa que son un objeto, no dos.

Es como el azul del cielo y el propio cielo. El azul del cielo es el propio cielo; no hay un azul del cielo que sea otro que el propio cielo –el cielo en sí aparece como azul–. Debido a que la verdadera naturaleza de los fenómenos es su vacuidad, cuando percibimos fenómenos, en verdad percibimos su vacuidad, pero debido a la ignorancia, no lo podemos comprender. No hay fenómenos aparte de su vacuidad. Así pues, los fenómenos –que es apariencia– y su vacuidad –que es vacío– son no duales, lo que significa que son un objeto y no dos. Por medio de esta exposición podemos comprender el significado de la no dualidad de la apariencia y la vacuidad. Cuando, como resultado de contemplar mentalmente una y otra vez el significado de esta exposición, comprendamos la apariencia y el vacío no duales como un espacio infinito de vacuidad, mantenemos este profundo conocimiento en nuestro corazón y meditamos en él de manera continua hasta que se convierta en la realización espontánea de la no dualidad de la apariencia y el vacío. Como resultado, nuestra apariencia dual y apariencia equívoca cesarán y, en consecuencia, pronto alcanzaremos la iluminación.

Para los practicantes tántricos cualificados, en este espacio infinito de la vacuidad, su entorno, disfrutes, cuerpo, mente y su propio yo aparecen de manera natural como el entorno, los disfrutes, el cuerpo, la mente y el yo iluminados de un ser iluminado, todos con una existencia natural que depende de sus meros nombres.

El significado de apariencia y vacuidad no duales o no dualidad de ambas es muy profundo y no resulta fácil de entender. La sabiduría que comprende la no dualidad de la apariencia y la vacuidad es un nivel superior de la visión correcta de la vacuidad, y adiestrarse en dicha sabiduría es el camino rápido hacia la iluminación. Yhe Tsongkhapa extrajo estas instrucciones de la *Escritura de emanación Ganden*, cuya naturaleza es la sabiduría de Buda Manyhushri.

Si en nuestro interior poseemos un fuerte potencial para

alcanzar realizaciones espirituales, con esta condición generaremos y mantendremos con facilidad un conocimiento profundo y realizaciones espirituales. Podemos conseguir esta condición, un fuerte potencial en nuestro interior para alcanzar realizaciones espirituales, por medio de la práctica sincera del yoga del Guru Yhe Tsongkhapa, el Buda de la Sabiduría. Como resultado de esta práctica, recibiremos profundas bendiciones de todos los Budas a través de nuestro Guru, de manera que podremos generar y mantener con facilidad un conocimiento profundo y realizaciones espirituales. Practicantes como Gyalgua Ensapa y sus discípulos, y Yhe Sherab Sengue y sus discípulos, son testimonio de ello. Alcanzaron el estado de la iluminación en tres años. ¡Es mágico! De ello podemos apreciar lo afortunados que somos de tener la oportunidad de practicar estas instrucciones. Hay dos yogas principales de Yhe Tsongkhapa: *Ofrenda al Guía Espiritual* y *Cientos de Deidades de la Tierra Gozosa*, ambos extraídos de la *Escritura de emanación Ganden*. Las prácticas de estos dos yogas del Guru son métodos poderosos para desarrollar con rapidez nuestro potencial de alcanzar la iluminación, de forma que la podremos lograr en poco tiempo.

El texto raíz dice:

Con solo ver que los fenómenos existen
en dependencia de su mero nombre,
si tu aferramiento propio se reduce o cesa,
en ese momento, habrás completado tu comprensión
de la vacuidad.

El significado de esta estrofa es muy claro. En esta etapa hemos de adiestrarnos en la relación dependiente sutil –que los fenómenos existen en dependencia de su mero nombre y no por su propio lado–. Esto significa que debemos contemplar esta relación dependiente sutil y meditar en ella de manera continua.

El texto raíz dice:

Además, si niegas el extremo de la existencia
con solo comprender que los fenómenos son solo mera apariencia,
y si niegas el extremo de la inexistencia
con solo comprender que los fenómenos que normalmente ves o percibes no existen,

y si comprendes cómo, por ejemplo, la vacuidad de causa y efecto,
se percibe como causa y efecto,
puesto que no hay causa ni efecto otros que la vacuidad,
con estas realizaciones las creencias extremas no te perjudicarán.

La creencia extrema es muy perjudicial para nosotros mismos y para los demás. Por esta razón, Yhe Tsongkhapa nos aconseja esforzarnos en desarrollar las realizaciones mencionadas para así liberarnos de esta creencia dañina.

Hemos de distinguir entre extremo y creencia extrema. Un extremo es algo que se ha exagerado y que en realidad no existe, y una creencia extrema es una creencia o punto de vista equívoco que existe en nuestra mente. Los fenómenos que existan por su propio lado son el extremo de la existencia, y los que no existan en absoluto, el extremo de la inexistencia. Ninguno de los dos extremos existe.

El texto raíz dice:

Cuando, de este modo, hayas comprendido correctamente los significados esenciales
de los tres aspectos principales del camino,
querido mío, recógete en retiro solitario, genera y mantén un gran esfuerzo
y alcanza con rapidez la meta final.

Este es el consejo final de corazón de Yhe Tsongkhapa. Hemos de guardarlo en nuestro corazón y ponerlo en práctica.

Súplica al Señor de Todos los Linajes

ORACIÓN DE SÚPLICA PARA LA PRÁCTICA DEL LAMRIM –LAS ETAPAS DEL CAMINO A LA ILUMINACIÓN–, EL LOYONG –ADIESTRAMIENTO DE LA MENTE–, LA ETAPA DE GENERACIÓN Y LA ETAPA DE CONSUMACIÓN

Al mismo tiempo que nos concentramos en el significado de esta oración, sin ninguna distracción, realizamos la sencilla práctica que se expone a continuación. Hemos de memorizar la *Súplica al Señor de Todos los Linajes*, que es una oración muy bendecida. Debemos recitar mentalmente esta oración muchas veces cada día, incluso cuando estemos descansando o tumbados, al mismo tiempo que nos concentramos en el significado de cada estrofa. Nuestra comprensión del significado de cada estrofa debe llegarnos al corazón, gracias a lo cual, nuestra mente se transformará en sabiduría, amor que estima a los demás, compasión y demás virtudes. No hay nada más significativo que realizar esta práctica. Por favor, guarda este consejo en tu corazón.

Primero imaginamos y pensamos: «Ante mí en el espacio aparece mi Guru raíz bajo el aspecto del Vencedor Losang Dragpa, Yhe Tsongkhapa. En su corazón está Buda Shakyamuni, y en el suyo, Buda Heruka. Son una sola persona, conocida como Guru Sumati Buda Heruka, pero con diferentes aspectos». Simplemente creemos que estamos de verdad en presencia de Guru Sumati Buda Heruka, y entonces realizamos la siguiente oración de súplica:

Guru Sumati Buda Heruka

¡Oh, venerable Vencedor Losang Dragpa!,
eres el Glorioso Señor de todos los linajes, Heruka,
en cuyo cuerpo moran todos los Budas, sus mundos
y sus séquitos,
te suplico, por favor, concédeme tus bendiciones.

Mi bondadoso, precioso Guru raíz,
que eres inseparable de Heruka,
en cuyo gran gozo todos los fenómenos se funden en uno,
te suplico, por favor, concédeme tus bendiciones.

Puesto que la raíz de todos los logros espirituales
es confiar con pureza en el Guía Espiritual,
por favor, concédeme ahora las profundas bendiciones
de tu cuerpo, palabra y mente
en mi cuerpo, palabra y mente.

Movido por su gran bondad, Yhe Tsongkhapa presentó
todas las enseñanzas de Buda del sutra y el tantra como
instrucciones prácticas.
No obstante, la gran buena fortuna de haber encontrado
el Dharma sagrado, la doctrina de Buda,
puede que solo la disfrute en esta vida.

Además, mi respiración es como neblina a punto de
desvanecerse,
y mi vida, como la llama de una vela a punto de que la
apague el viento.
Puesto que nada puede garantizarme que hoy no me vaya
a morir,
ahora es el único momento para dar verdadero sentido
a mi vida humana, alcanzar la iluminación.

En mis incontables vidas pasadas he acumulado diversas
clases de acciones perjudiciales
y, como resultado, tendré que experimentar el intolerable
sufrimiento de renacimientos inferiores durante
muchos eones.

Puesto que esta situación es insoportable, me refugio con sinceridad
en Buda, el Dharma y la Sangha desde lo más profundo del corazón.

Me voy a esforzar con sinceridad
para recibir las bendiciones de Buda,
obtener ayuda de la Sangha –los practicantes espirituales puros–
y practicar el Dharma con pureza.

Si me adiestro en esta práctica de manera continua,
lograré el verdadero refugio en mi mente
–las realizaciones del Dharma sagrado,
que me liberan para siempre de todos los problemas y sufrimientos–.

La causa del sufrimiento son las acciones perjudiciales,
y la causa de la felicidad, las acciones virtuosas.
Puesto que esto es totalmente cierto,
con toda firmeza voy a abandonar las primeras y a practicar las segundas.

Al igual que confundir
una bebida venenosa con néctar,
el apego con aferramiento a los objetos de deseo
es causa de grandes peligros.

En el ciclo de vidas impuras, el samsara,
no hay verdadera protección del sufrimiento.
Donde sea que nazca, bien como un ser inferior o uno elevado,
solo experimentaré sufrimiento.

Si se amontonara la carne y los huesos de todos los cuerpos que he tenido en el pasado, formaría un cúmulo tan grande como el Monte Meru,

y si reuniera la sangre y los fluidos corporales, sería como
el más profundo de los océanos.
Aunque he tenido incontables cuerpos como los de Brahma,
Indra, monarcas chakravatines, dioses y seres humanos
ordinarios,
ninguno de ellos me ha aportado sentido ya que aún
continúo sufriendo.

Si tras haber nacido en los infiernos y bebido cobre fundido,
como insectos cuyos cuerpos se convierten en lodo,
y como perros, puercos y otros animales que comieron
tanta inmundicia como para cubrir toda la tierra,
y si, como suele decirse, la cantidad de lágrimas que he
derramado por todo este sufrimiento es infinitamente
mayor que un océano,
y aún no siento desconsuelo ni miedo, ¿acaso tengo una
mente de hierro?

Con este entendimiento, voy a esforzarme de manera
continua para cesar los renacimientos en el samsara
esforzándome por abandonar de manera permanente su
raíz, la ignorancia del aferramiento propio.
Con esta mente de renuncia, voy a abrir la puerta del
camino a la liberación
y voy a esforzarme en practicar los tres adiestramientos
superiores, la síntesis de todos los caminos.

Con mi mente, como un magnífico caballo que se dirige
hacia tierras más altas,
guiado por las riendas del Dharma de los tres
adiestramientos superiores
y apremiado a avanzar con la fusta del esfuerzo intenso,
ahora viajaré con rapidez por el camino a la liberación.

Los maternales seres sintientes, que me han cuidado con
tanta bondad,
se están ahogando en el terrible océano del samsara.

Si no pienso en su lamentable sufrimiento,
sería como un niño cruel y sin corazón.

Puesto que a lo largo de todas mis vidas, desde el sin principio hasta ahora, la raíz de todo el sufrimiento ha sido mi mente de estimación propia,
debo expulsarla de mi corazón, arrojarla lejos y estimar solo a los demás seres sintientes.
Así pues, voy a completar mi práctica de cambiarme por los demás.
¡Oh, mi precioso Guru!, por favor, concédeme tus bendiciones para que pueda completar esta profunda práctica.

Para liberar de manera permanente a todos los seres sintientes, mis madres,
del sufrimiento y la apariencia equívoca,
voy a alcanzar la Unión del estado de la iluminación
por medio de la práctica de las seis perfecciones.

Al eliminar por completo las distracciones de mi mente,
observar y mantener de manera convergente un solo objeto de meditación con retentiva mental
e impedir que surjan los obstáculos del hundimiento y la excitación mentales,
controlaré mi mente con una meditación clara y gozosa.

Las apariencias de mis sueños me enseñan
que las apariencias del estado de vigilia no existen;
así pues, para mí, todas mis apariencias oníricas
son la instrucción suprema de mi Guru.

Los fenómenos que normalmente veo o percibo
son engañosos –creados por mentes equívocas–.
Si busco la realidad de lo que veo,
no existe nada ahí –solo percibo un vacío como el espacio–.

Cuando indago con el ojo de mi sabiduría
todas las cosas que normalmente veo desaparecen
y solo quedan sus meros nombres.
Con este mero nombre simplemente acepto todo para poder comunicarme con los demás.

Sólo así existen los fenómenos.
Guru Padre Yhe Tsongkhapa lo aclaró siguiendo la intención de Nagaryhuna.
Así pues, la visión correcta de la vacuidad libre de los dos extremos
es sumamente profunda.

Tras haber adquirido experiencia de los caminos comunes,
el ser principal de la tierra pura de Akanishta, Vajradhara Heruka,
aparece ahora en este mundo como una emanación de Heruka
bajo el aspecto de mi Guru raíz
que me ha conducido al interior del gran mandala del cuerpo de Heruka
y me ha conferido las cuatro iniciaciones para que madure mi continuo mental.
Así pues, me he convertido en un gran ser afortunado que tiene la oportunidad de alcanzar en esta vida
la Unión de Heruka al lograr el No Más Aprendizaje, el estado de la iluminación.

La bondad de Guru Heruka Padre y Madre es inconcebible
y la bondad de mi Guru raíz es inconcebible.
Gracias a esta buena fortuna y por el poder de mi imaginación correcta,
ahora resido en el gran mandala de Heruka, cuya naturaleza es la de mi cuerpo burdo purificado.

Soy la Deidad iluminada Heruka,
cuya naturaleza es la de mi gota blanca indestructible purificada,
con mi consorte Vajravarahi,
cuya naturaleza es la de mi gota roja indestructible purificada.
Estoy rodeado de las Deidades Bodhisatvas, los Héroes y las Heroínas,
cuya naturaleza es la de mis canales y gotas purificados.
Al disfrutar del gran gozo y la vacuidad de todos los fenómenos he pacificado todas las apariencias y concepciones ordinarias,
y así he alcanzado el verdadero significado de la vida humana.

Tras haberme generado como Heruka con consorte,
medito brevemente en mi cuerpo que es hueco y vacío como el espacio.
En su interior está mi canal central, que tiene cuatro características.
Dentro del canal central, en el centro de los ocho pétalos de la rueda de canales del corazón
se encuentra la unión de mi gota indestructible blanca y roja, del tamaño de un pequeño guisante,
que es muy clara e irradia luces de cinco colores.
En su interior se encuentra mi aire indestructible bajo el aspecto de una sílaba HUM,
que es el verdadero Glorioso Heruka.
Mi mente entra en la HUM y se funde con ella como agua vertida en agua.
Mantengo esta HUM, que es mi aire indestructible y Heruka, con retentiva mental y medito en ella de manera convergente.

Al estabilizar esta meditación, el movimiento de los aires
internos de mis concepciones cesará.
Así pues, percibiré una luz clara totalmente cualificada.
Al completar la práctica de esta luz clara
alcanzaré la auténtica Unión del Gran Keajra, el estado de
la iluminación.
Esta es la gran bondad de Guru Heruka;
¡que me convierta en un ser como tú!

Avalokiteshvara

Visión profunda y esencial de la Sadhana de Avalokiteshvara: *Oraciones y súplicas al Buda de la Compasión*

¿Quién es Avalokiteshvara? Avalokiteshvara es un ser iluminado que es la manifestación de la compasión de todos los Budas; la compasión de todos los Budas aparece como Avalokiteshvara. Es la síntesis de todos los Budas. En este contexto, *sadhana* se refiere al ritual de oraciones para alcanzar el logro de Avalokiteshvara, el Buda de la Compasión. La sadhana propiamente dicha puede encontrarse en el apéndice 3.

Los beneficios de practicar esta sadhana son inconmensurables. Por medio de la práctica sincera de las instrucciones que se presentan en esta sadhana, primero lograremos solucionar nuestros problemas diarios controlando el deseo, el odio y la ignorancia, y luego, gracias a esta habilidad, seremos capaces de conducir a personas de todo el mundo hacia el camino espiritual correcto, mediante el cual podrán descubrir el verdadero significado de la vida humana.

La práctica principal de esta sadhana es el adiestramiento en la purificación y transformación de las seis clases de seres sintientes, una instrucción muy bendecida que procede de la *Escritura de emanación Ganden*. Las seis clases de seres sintientes son: los dioses, los semidioses y los seres humanos –las tres clases superiores de seres sintientes–, y los animales, los espíritus ávidos y los seres de los infiernos –las tres clases inferiores de seres sintientes–. La práctica de esta sadhana tiene siete etapas.

PRIMERA ETAPA: REFUGIO Y GENERACIÓN DE BODHICHITA

REFUGIO

En este contexto, refugiarse se refiere a refugiarnos en Buda, el Dharma y la Sangha. Esto significa esforzarnos en recibir las bendiciones de Buda, practicar el Dharma con pureza y recibir ayuda de los practicantes espirituales puros, que se conocen como *Sangha*. Si no somos capaces de realizar esta práctica, no entraremos en el budismo, y si no entramos, no tendremos la oportunidad de alcanzar la liberación permanente del sufrimiento ni la felicidad suprema de la iluminación. Entonces habremos perdido el verdadero significado de la vida humana. Con este entendimiento, ante nuestro Guía Espiritual o una imagen de Buda que hemos de considerar como un Buda viviente, hacemos la promesa de refugiarnos en Buda, el Dharma y la Sangha durante toda la vida y vida tras vida. Esta promesa es el voto de refugio. Podemos tomar este voto mediante la recitación de la siguiente oración de refugio, que repetimos tres veces al mismo tiempo que nos concentramos en su significado:

Yo y todos los seres sintientes nos refugiamos
en Buda, el Dharma y la Sangha
hasta que alcancemos la iluminación.

Para una exposición detallada de la práctica de refugio véase la sección «Meditación sobre el refugio» en la segunda parte de este libro.

GENERACIÓN DE BODHICHITA

Bodhi significa 'iluminación', y *chita*, 'mente'. Bodhichita es la mente que desea de manera espontánea alcanzar la iluminación para beneficiar a todos los seres sintientes cada día. Podemos generar este buen corazón supremo, la bodhichita, recitando tres veces la siguiente oración al mismo tiempo que nos concentramos en su significado:

Que por los méritos que acumule con la práctica
de la generosidad y otras perfecciones,
alcance el estado de Buda para poder beneficiar
a todos los seres sintientes.

Para una exposición detallada de la bodhichita véase la sección «Meditación en el buen corazón supremo, la bodhichita» en la segunda parte de este libro.

SEGUNDA ETAPA: VISUALIZACIÓN DE AVALOKITESHVARA

Sobre la base de esta visualización podemos emprender nuestro adiestramiento en la purificación y transformación de las seis clases de seres sintientes, progresar en él y completarlo. Para establecer una conexión especial con las seis clases de seres sintientes imaginamos que estamos rodeados de todos ellos bajo el aspecto de seres humanos. Visualizarlos así hará que nuestras acciones de beneficiar a las seis clases de seres sintientes sean eficaces.

¿Cómo visualizamos a Avalokiteshvara? Contemplamos una y otra vez el significado de las palabras de la sadhana, desde *Sobre mi coronilla y la de todos los seres sintientes, infinitos como el espacio,* hasta *es la unificación de todos los objetos de refugio*. De este modo percibiremos una imagen mental general de Avalokiteshvara que se encuentra en nuestra coronilla y en la de todos los seres que están a nuestro alrededor, las seis clases de seres sintientes. Hemos de contentarnos con esta imagen general y aproximada. Luego, desde el corazón pensamos con intensidad: «Qué maravilloso sería si me convirtiera en el Buda de la Compasión. Que me convierta en el Buda de la Compasión para poder beneficiar a todos y cada uno de los seres sintientes cada día con mis bendiciones y a través de mis innumerables emanaciones». Con este buen corazón supremo realizamos la práctica de las siete ramas.

TERCERA ETAPA: LA PRÁCTICA DE LAS SIETE RAMAS

La práctica de las siete ramas consta de: postraciones, ofrendas, purificación, regocijo, ruego, súplica especial y dedicación. Como ya se ha mencionado, el adiestramiento en la purificación y transformación de las seis clases de seres sintientes es la práctica principal, que es como si fuera el cuerpo principal. Las siete ramas, que también se denominan *miembros*, son como extremidades o miembros en las que se apoya el cuerpo. Sin sus miembros, el cuerpo no podría funcionar. De igual modo, sin una práctica sincera de las siete ramas, el adiestramiento en la purificación y transformación de las seis clases de seres sintientes no puede funcionar. Con esta comprensión debemos reconocer que la práctica de las siete ramas es nuestra práctica diaria.

Cada día hemos de practicar con perseverancia las postraciones, ofrendas, purificación y demás ramas sin olvidarlas. Los objetos ante los que nos postramos, a los que hacemos ofrendas, ante quienes nos confesamos, de quienes nos regocijamos, a los que rogamos y elevamos nuestra súplica especial son los seres iluminados, y dedicamos los méritos para nuestra iluminación y la de todos los seres. Debido a ello, la práctica de las siete ramas es un método poderoso para desarrollar de manera continua nuestro potencial de alcanzar la iluminación, nuestra naturaleza de Buda; hace madurar con mucha rapidez nuestra naturaleza o semilla de Buda, por lo que alcanzaremos muy pronto la iluminación.

Cuando alcancemos la iluminación por medio de este adiestramiento especial, habremos completado nuestro adiestramiento en la purificación y transformación de las seis clases de seres sintientes. Esto se debe a que en el momento en que alcancemos la iluminación, seremos capaces de purificar todas las impurezas de las seis clases de seres sintientes y proporcionarles a todos felicidad pura y duradera. Para una exposición detallada de cada una de las prácticas de las siete ramas véanse *El camino gozoso de buena fortuna* y las sadhanas *Ofrenda al Guía espiritual* y *Cientos de Deidades de la Tierra Gozosa*, así como sus respectivos comentarios.

CUARTA ETAPA: SÚPLICA DE LOS CINCO GRANDES OBJETIVOS

Primero hacemos el ofrecimiento del mandala y luego realizamos la súplica en sí. Imaginamos que todo el universo se transforma en la tierra pura de Buda y ofrecemos este mandala al Buda de la Compasión, Avalokiteshvara.

A continuación realizamos la *Súplica de los cinco grandes objetivos*, que son:

1) Alcanzar la liberación permanente del ciclo de vidas impuras.
2) Generar y mantener la bodhichita convencional y la bodhichita última, los caminos principales a la iluminación.
3) Purificar por completo las acciones perjudiciales y las perturbaciones mentales.
4) Alcanzar la tierra pura de Buda.
5) Alcanzar la iluminación.

Estos son los cinco grandes objetivos en general y completar el adiestramiento en la purificación y transformación de las seis clases de seres sintientes es un gran objetivo en particular. Desde el corazón suplicamos con intensidad a Avalokiteshvara, que es inseparable de nuestro Guía Espiritual, que bendiga nuestro continuo mental para que podamos completar este adiestramiento. Al mismo tiempo que nos concentramos en este significado, repetimos mentalmente la siguiente oración muchas veces:

¡Oh, Guru Avalokiteshvara, Buda de la Compasión!,
por favor, bendice con rapidez mi continuo mental,
para que pueda completar pronto
el adiestramiento en la purificación y transformación de las seis clases de seres sintientes.

QUINTA ETAPA: ADIESTRAMIENTO EN SÍ EN LA PURIFICACIÓN Y TRANSFORMACIÓN DE LAS SEIS CLASES DE SERES SINTIENTES

Consta de dos partes:

1. Adiestramiento en la meditación.
2. Adiestramiento en la práctica subsiguiente.

ADIESTRAMIENTO EN LA MEDITACIÓN

Imaginamos y pensamos:

Debido a mi súplica que realizo de manera convergente a Guru Avalokiteshvara que está en mi coronilla, de su cuerpo irradian rayos de luz de cinco colores, de la naturaleza de su sabiduría omnisciente, que se disuelven en el mundo y en todos los seres sintientes, las seis clases de seres sintientes. Se purifican las impurezas de todo el mundo y de los seres sintientes que habitan en él. El mundo se transforma en la tierra pura de Buda, y todos los seres, las seis clases de seres sintientes, en seres iluminados.

Meditamos en esta creencia de manera convergente durante tanto tiempo como podamos. Esta creencia es correcta porque no es engañosa y nos aporta un gran sentido. En cada sesión podemos repetir esta meditación muchas veces con la oración de súplica mencionada.

Por medio de la práctica continua y sincera de esta meditación generaremos y mantendremos una creencia espontánea de que el mundo se ha purificado y transformado en la tierra pura de Buda, y que todos los seres sintientes, las seis clases de seres sintientes, se han purificado y convertido en seres iluminados. Si mantenemos esta creencia de manera continua, nuestras apariencias y concepciones ordinarias se reducirán cada vez más hasta cesar por completo. En ese momento nos habremos convertido en un verdadero ser iluminado y tendremos la capacidad de beneficiar a todos y cada uno de los seres sintientes cada día con nuestras bendiciones y a través de nuestras innumerables emanaciones. Habremos realizado el verdadero sentido de nuestra vida humana. ¡Qué maravilla!

ADIESTRAMIENTO EN LA PRÁCTICA SUBSIGUIENTE, TAMBIÉN DENOMINADA *LOS TRES RECONOCIMIENTOS*

Realizamos esta práctica como se describe a continuación. Fuera de la sesión de meditación, hemos de reconocer que todo lo que veamos no es más que su vacuidad, que todo lo que oigamos no es más que su vacuidad y que todo lo que recordemos no es más que su vacuidad. Estos son los tres reconocimientos.

En el *Sutra del corazón*, Buda dijo que la forma no es otra [no es más] que la vacuidad. El significado de estas palabras es el siguiente. Debido a que la verdadera naturaleza de la forma es su vacuidad, cuando percibimos una forma, en realidad solo percibimos su vacuidad, pero debido a nuestra ignorancia, no podemos comprenderlo. La vacuidad de la forma es la mera ausencia de la forma que normalmente vemos. El modo en que la forma realmente existe es en dependencia de su mero nombre. Si estamos satisfechos con su mero nombre, la forma existe en realidad; más allá del mero nombre no existe. Lo mismo ocurre con los sonidos y con todos los fenómenos.

De esta exposición podemos comprender con claridad el significado de los tres reconocimientos. Practicar con un entendimiento claro los tres reconocimientos de manera continua, día y noche, sin olvidarlos nunca, es el método rápido para completar nuestro adiestramiento en la purificación y transformación de las seis clases de seres sintientes.

SEXTA ETAPA: RECITACIÓN DEL MANTRA

El mantra que recitamos en esta sadhana es: OM MANI PEME HUM. A nivel externo es un conjunto de seis sílabas, pero a nivel interno es la sabiduría omnisciente de Avalokiteshvara, que protege a los seres sintientes de apariencias y concepciones ordinarias, la raíz de todo el sufrimiento. Las seis sílabas de este mantra indican que si lo recitamos de manera continua con fe intensa durante toda la vida, podremos purificar y transformar las seis clases de seres sintientes, incluido uno mismo. Con esta comprensión debemos disfrutar la recitación de este mantra.

El significado de este mantra es el siguiente. Al decir OM llamamos a Avalokiteshvara; MANI significa 'la preciosa joya de la iluminación'; PEME significa 'liberación', y HUM, 'por favor, concede'. El significado del mantra completo es: «¡Oh, Avalokiteshvara!, concédeme, por favor, la preciosa joya de la iluminación para liberar a todos los seres sintientes». Por medio de la recitación de este mantra nos adiestramos en la mente compasiva de bodhichita.

Para completar el retiro de aproximación de Avalokiteshvara hemos de recitar el mantra un millón de veces en combinación con la sadhana.

SÉPTIMA ETAPA: DEDICACIÓN

Realizamos esta práctica como se describe a continuación. Con el entendimiento de que el mundo está impregnado de un sufrimiento insoportable y con una profunda compasión hacia todos los seres sintientes, desde el corazón repetimos mentalmente la siguiente oración de dedicación de manera continua, una y otra vez, cada día. Esto hará que Avalokiteshvara, que es la síntesis o unificación de todos los Budas, entre y permanezca en nuestro corazón para que así podamos completar con rapidez el adiestramiento en la purificación y transformación de las seis clases de seres sintientes.

ORACIÓN DE DEDICACIÓN:

Que gracias a las virtudes que he acumulado
al adiestrarme en la compasión y la sabiduría
se purifiquen todas las impurezas de las seis clases de seres sintientes
y que así todos se transformen en seres iluminados.

SEGUNDA PARTE

Adiestramiento en la meditación

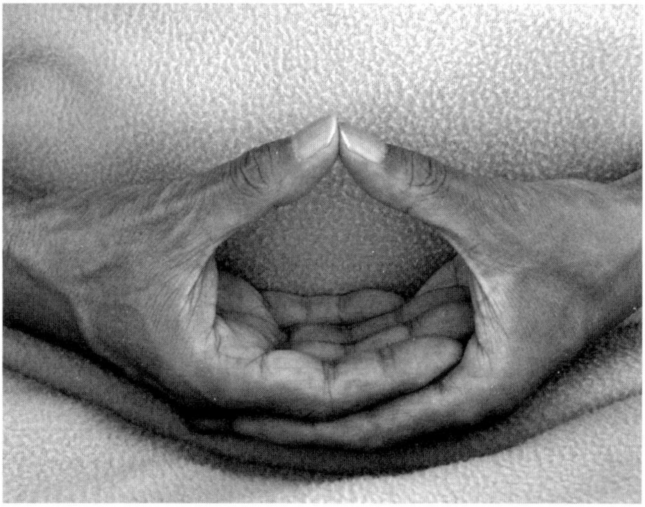

¿Qué es la meditación?

También hemos de poner en práctica el consejo de corazón de Yhe Tsongkhapa, *Los tres aspectos principales del camino hacia la iluminación*, mediante el adiestramiento de las etapas del camino a la iluminación, que se expone a continuación.

En general, la *meditación* se define como «la mente que se enfoca de manera convergente en un objeto virtuoso y cuya función es apaciguar y calmar la mente».

Deseamos sentirnos felices en todo momento, incluso mientras dormimos. ¿Cómo podemos lograrlo? Por medio del adiestramiento en la meditación, porque la meditación apacigua la mente, y cuando la mente está en paz nos sentimos felices en todo momento, aunque las condiciones externas sean precarias. En cambio, cuando la mente no está en paz, no somos felices, aunque dispongamos de las mejores condiciones externas. Esto lo podemos entender por propia experiencia. Puesto que el verdadero método para apaciguar la mente es el adiestramiento en la meditación, debemos aplicarnos en él con esfuerzo. Cada vez que meditamos, estamos realizando una acción o karma que nos hará disfrutar de paz mental en el futuro. De lo dicho se puede apreciar la importancia de adiestrarnos en la meditación.

La diferencia entre concentración y meditación estriba en que la concentración es necesariamente un factor mental, mientras que la meditación puede ser también una mente primaria. Para comprender el significado de mente primaria y de factor mental podemos consultar el libro *Cómo comprender la mente*. El objeto de la concentración puede ser cualquier cosa, pero el de la meditación ha de ser siempre algo virtuoso. El que un objeto sea virtuoso o perjudicial depende de nuestro punto de vista. Por ejemplo, cuando un enemigo nos perjudica, si practicamos la paciencia, para nosotros es un objeto virtuoso, el de nuestra paciencia, pero si en lugar de ser pacientes nos enfadamos con él, se convierte en un objeto de odio, que es perjudicial. Por lo tanto, podemos elegir el que una cosa o una persona sea un objeto virtuoso o perjudicial. Debemos aprender a convertir a todos los seres en objetos virtuosos, en objetos de nuestra compasión y paciencia, y todos los fenómenos en objetos de nuestro adiestramiento en la vacuidad. No hay mejor práctica de Dharma que esta.

La meditación puede clasificarse en tres categorías:

1. Meditación del ser del nivel inicial.
2. Meditación del ser del nivel medio.
3. Meditación del ser del nivel superior.

La meditación del ser del nivel inicial

Hay cinco meditaciones del ser del nivel inicial:

1. Meditación sobre el precioso valor de nuestra vida humana.
2. Meditación de la muerte.
3. Meditación sobre el peligro de renacer en los reinos inferiores.
4. Meditación del refugio.
5. Meditación sobre el karma.

MEDITACIÓN SOBRE EL PRECIOSO VALOR DE NUESTRA VIDA HUMANA

EL OBJETIVO DE LA MEDITACIÓN

El objetivo de esta meditación es animarnos a extraer el verdadero significado de nuestra vida humana y no desperdiciarla en actividades sin sentido. La vida humana encierra un gran valor, pero solo si la utilizamos para alcanzar la liberación permanente y la felicidad suprema de la iluminación mediante la práctica pura y sincera del Dharma. Hemos de animarnos a nosotros mismos a realizar el verdadero significado de nuestra existencia humana. ¿Cuál es el verdadero sentido de la vida humana?

Muchas personas piensan que el progreso material es el verdadero sentido de la vida humana, pero es evidente que por muchos avances materiales que haya en el mundo, los sufrimientos y los problemas de los seres humanos no se reducen. Al contrario, a menudo estos mismos avances son la causa de que aumenten. Por lo tanto, el progreso material no es el verdadero sentido de la existencia humana. Debemos saber que ahora hemos llegado de vidas anteriores al reino humano, donde estaremos por muy poco tiempo, y tenemos la oportunidad de alcanzar la felicidad suprema de la iluminación si practicamos el Dharma. Esta es nuestra gran y extraordinaria fortuna. Cuando alcancemos la iluminación, habremos colmado nuestros deseos y podremos satisfacer los de todos los demás seres sintientes; nos habremos liberado para siempre de los sufrimientos de esta vida y de las incontables vidas futuras, y cada día podremos beneficiar de manera directa a todos y cada uno de los seres sintientes. Por lo tanto, el logro de la iluminación es el verdadero significado de la vida humana.

Como ya se ha mencionado en la primera parte del libro, la iluminación es la luz interior de la sabiduría que está libre para siempre de todas las apariencias equívocas y cuya función es proporcionar paz mental cada día a todos y cada uno de los seres sintientes. Ahora hemos obtenido un renacimiento humano y tenemos la preciosa oportunidad de alcanzar la iluminación por medio de la práctica de Dharma; puesto que en el futuro será extremadamente difícil encontrar otra oportunidad igual, desperdiciarla en actividades sin sentido sería la mayor pérdida y la peor necedad. Buda lo ilustra con la siguiente analogía en uno de los Sutras, en el que pregunta a sus discípulos: «Imaginad que hay un inmenso y profundo océano, tan grande como este mundo, sobre el que flota una argolla de oro, y que en el fondo vive una tortuga ciega que sube a la superficie una vez cada cien mil años. ¿Cuántas posibilidades tiene de pasar la cabeza por la argolla?». Ananda, su discípulo, contestó que, sin lugar a dudas, muy pocas.

En este contexto, el inmenso y profundo océano se refiere al samsara, el ciclo de vidas impuras que hemos sufrido sin cesar desde tiempo sin principio, vida tras vida de manera continua; la argolla de oro, al Budadharma, y la tortuga ciega, a nosotros mismos. Aunque no tengamos el cuerpo de una tortuga, nuestras mentes no son muy diferentes; y aunque nuestros ojos físicos no estén ciegos, el ojo de nuestra sabiduría sí lo está. Durante la mayoría de nuestras vidas pasadas hemos permanecido en el fondo del océano del samsara, en los tres reinos inferiores –el de los animales, el de los espíritus ávidos y el de los seres de los infiernos–, y hemos subido a la superficie, como un ser humano, una vez cada cien mil años aproximadamente. Incluso cuando logramos estar en un reino superior del océano del samsara, como seres humanos, lo cual dura muy poco, es muy raro encontrar la argolla de oro del Budadharma porque no permanece en el mismo sitio, sino que se va desplazando de un lugar a otro, el océano del samsara es inmenso y el ojo de nuestra sabiduría está siempre cerrado. Por estas razones, Buda dice que aunque en el futuro obtengamos un renacimiento humano, será extremadamente difícil volver a encontrar el Budadharma; y encontrar el Dharma kadam es aún más difícil. Podemos ver que la inmensa mayoría de los seres humanos de este mundo, aunque están en uno de los reinos superiores del samsara por un breve espacio de tiempo, no encuentran el Budadharma. Esto se debe a que todavía no han abierto el ojo de la sabiduría.

¿Qué significa encontrar el Budadharma? Significa entrar en el budismo al refugiarnos con sinceridad en Buda, el Dharma y la Sangha, y tener así la oportunidad de emprender el camino hacia la iluminación y recorrerlo. Si no encontramos el Budadharma, no tendremos esta oportunidad y, por lo tanto, no podremos alcanzar la felicidad pura e imperecedera de la iluminación, que es el verdadero significado de la vida humana.

EL OBJETO DE LA MEDITACIÓN

El objeto de esta meditación o el objeto en el que nos enfocamos de manera convergente es la resolución de practicar el Dharma con pureza y sinceridad. Debemos aprender a generar esta resolución mediante la contemplación de la exposición anterior del objetivo de esta meditación. Cuando, gracias a esta contemplación, surja en nuestro corazón la firme resolución de practicar el Dharma con pureza y sinceridad, habremos encontrado el objeto de la meditación.

LA MEDITACIÓN EN SÍ

Debemos pensar:

Ahora he llegado al mundo humano por muy poco tiempo y tengo la oportunidad de alcanzar la liberación permanente del sufrimiento y la felicidad suprema de la iluminación por medio de la práctica de Dharma. Desperdiciar esta preciosa oportunidad en actividades sin sentido, sería la mayor pérdida y la peor necedad.

Con esta reflexión tomamos la firme determinación de practicar el Dharma, las enseñanzas de Buda, de las etapas del camino a la iluminación con pureza y sinceridad mientras tengamos la oportunidad. Mantenemos esta determinación en nuestro corazón sin olvidarla y nos concentramos en ella de manera convergente durante tanto tiempo como podamos. Si nos adiestramos de manera continua en esta meditación, generaremos el deseo espontáneo de practicar el Dharma, las etapas del camino, con pureza y sinceridad. Este deseo es la realización de esta meditación.

Durante el descanso de la meditación hemos de poner esta determinación en práctica.

MEDITACIÓN DE LA MUERTE

EL OBJETIVO DE LA MEDITACIÓN

El objetivo de esta meditación es impedir que surja la pereza del apego, el obstáculo principal de la práctica de Dharma. Debido a que nuestro deseo de disfrutar de los placeres mundanos es tan intenso, tenemos muy poco o ningún interés en practicar el Dharma. Desde el punto de vista espiritual, esta falta de interés es una clase de pereza que se denomina *pereza del apego*. Mientras tengamos esta pereza, la puerta de la liberación permanecerá cerrada para nosotros y, por lo tanto, padeceremos desgracias y sufrimientos tanto en esta vida como en las innumerables vidas futuras. La manera de superar esta pereza, el obstáculo principal de nuestra práctica de Dharma, es meditar en la muerte.

Hemos de reflexionar sobre nuestra muerte y meditar en ella con perseverancia hasta que alcancemos una profunda realización. Aunque todos sabemos a nivel intelectual que algún día moriremos, no somos realmente conscientes de ello. Puesto que no asimilamos de corazón el entendimiento intelectual que tenemos de la muerte, cada día pensamos lo mismo: «Hoy no me voy a morir, hoy no voy a morir». Incluso el mismo día en que nos muramos, estaremos planeando lo que vamos a hacer al día siguiente o al cabo de una semana. La mente que piensa cada día: «Hoy no me voy a morir» es engañosa –nos conduce por el camino incorrecto y es la causa de que nuestra vida carezca de sentido–. En cambio, si meditamos en la muerte, sustituiremos de manera gradual el pensamiento engañoso: «Hoy no me voy a morir» por la convicción fidedigna: «Es posible que me muera hoy». La mente que piensa cada día de manera espontánea: «Es posible que me muera hoy» es la realización de la muerte. Esta es la realización que elimina de manera directa la pereza del apego y nos abre la puerta del camino espiritual.

Quizás muramos hoy o quizás no, por lo general no lo sabemos. Sin embargo, si cada día pensamos: «Hoy no me voy a morir», este pensamiento nos engañará porque procede de la ignorancia, mientras que pensar: «Es posible que me muera hoy» no lo hará porque proviene de la sabiduría. Esta convicción beneficiosa impide que surja la pereza del apego y nos anima a preparar ahora el bienestar de las innumerables vidas futuras o a poner un gran esfuerzo para entrar en el camino que nos conduce a la liberación y la iluminación. De este modo llenaremos nuestra vida de significado. Hasta ahora hemos desperdiciado sin sentido nuestras incontables vidas pasadas y de ellas no hemos traído nada más que engaños y sufrimiento.

La muerte es la separación definitiva del cuerpo y la mente. Es posible que en ocasiones la mente se separe del cuerpo de manera temporal, pero esto no es la muerte. Por ejemplo, cuando el practicante que ha completado su adiestramiento en la práctica conocida como *transferencia de consciencia* realiza su meditación, su mente se separa del cuerpo. Aunque su cuerpo permanece en el lugar donde está meditando, su mente viaja a una tierra pura y luego regresa de nuevo al mismo. Por la noche, cuando soñamos, el cuerpo yace en la cama, pero la mente viaja por diversos lugares oníricos y finalmente regresa a él. Estas separaciones del cuerpo y la mente no son la muerte porque son temporales.

Al morir, la mente se separa del cuerpo para siempre. El cuerpo se queda donde se encontraba en esta vida, pero la mente viaja a diversos lugares de las vidas futuras, como el pájaro que abandona un nido para volar a otro. Esto muestra con claridad la existencia de nuestras incontables vidas futuras y que la naturaleza y funciones del cuerpo son muy diferentes de las de la mente. El cuerpo es un objeto visual que posee color y forma, pero, como se ha expuesto en la primera parte del libro, la mente es un continuo inmaterial que carece siempre de color y forma. La mente es por naturaleza vacía como el espacio y su función es percibir o comprender objetos. De todo ello podemos comprender que el cerebro no es la mente. El cerebro es solo una parte del cuerpo y, por ejemplo, puede ser fotografiado, mientras que la mente no.

Es posible que no nos agrade oír hablar de la muerte, pero contemplarla y meditar en ella es muy importante para que nuestra práctica de Dharma sea eficaz. Esto es así porque impide que surja el obstáculo principal del adiestramiento espiritual –la pereza del apego a los asuntos de esta vida– y nos anima a practicar el Dharma ahora mismo con pureza. Si lo hacemos, realizaremos el verdadero significado de la vida humana antes de que nos llegue la muerte.

EL OBJETO DE LA MEDITACIÓN

En esta meditación el objeto es el pensamiento: «Quizá me muera hoy, es posible que me muera hoy». Debemos aprender a generar este pensamiento mediante la contemplación de la exposición anterior del objetivo de esta meditación. Cuando, gracias a esta contemplación, surja en nuestro corazón el pensamiento: «Quizá me muera hoy, es posible que me muera hoy», habremos encontrado el objeto de la meditación.

LA MEDITACIÓN EN SÍ

Realizamos la siguiente contemplación y pensamos:

Mi muerte es inevitable. Es imposible impedir que mi cuerpo degenere. Día a día, momento a momento, mi vida se va consumiendo. La hora de mi muerte es incierta, no sé cuándo llegará. Muchas personas jóvenes mueren antes que sus padres, algunas nada más nacer, no hay certeza en este mundo. Además, existen innumerables causas de muerte prematura. Muchas personas fuertes y sanas pierden la vida en accidentes. Nada puede garantizarme que hoy no me vaya a morir.

Después de reflexionar de este modo varias veces, repetimos mentalmente: «Quizá me muera hoy, es posible que me muera hoy», y nos concentramos en esta creencia. Transformamos nuestra mente en esta creencia: «Quizá me muera hoy», y nos concentramos en ella de manera convergente durante tanto tiempo como podamos. Si nos adiestramos de manera continua en esta meditación, generaremos cada día la convicción espontánea: «Es posible que me muera hoy». Esta creencia es la realización de esta meditación.

Durante el descanso de la meditación pensamos: «Puesto que he de marcharme pronto de este mundo, no tiene sentido que me apegue a los disfrutes de esta vida. En lugar de ello, a partir de ahora voy a dedicar mi vida a practicar el Dharma con pureza y sinceridad». Entonces mantenemos esta resolución día y noche, sin pereza.

Hemos de esforzarnos en nuestra práctica de Dharma. Reconociendo que los placeres mundanos son engañosos y nos distraen del objetivo de llenar nuestra vida de significado, debemos abandonar el apego que les tenemos. De este modo, podremos eliminar la pereza, el obstáculo principal que nos impide practicar el Dharma con pureza.

MEDITACIÓN SOBRE EL PELIGRO DE RENACER EN LOS REINOS INFERIORES

EL OBJETIVO DE LA MEDITACIÓN

El objetivo de esta meditación es animarnos a preparar una protección contra el peligro de renacer en los reinos inferiores. Si no lo hacemos ahora que poseemos una vida humana dotada de dones y libertades y tenemos la oportunidad, cuando hayamos caído en uno de los tres reinos inferiores, será demasiado tarde; además, será extremadamente difícil obtener de nuevo una vida humana tan preciosa. Una preciosa vida humana es un renacimiento humano que nos ofrece la oportunidad de alcanzar la liberación permanente de todo el sufrimiento, conocida como *nirvana*. Se dice que es más fácil para los seres humanos alcanzar la iluminación que para otros seres, como los animales, obtener un precioso renacimiento humano. Este entendimiento nos anima a abandonar las acciones perjudiciales o negativas, a practicar la virtud o realizar acciones positivas y a refugiarnos en Buda, el Dharma y la Sangha –los practicantes espirituales puros y supremos–; esta es la verdadera protección.

La causa principal para renacer en un reino inferior es cometer acciones perjudiciales, mientras que practicar la virtud y refugiarnos en Buda, el Dharma y la Sangha son las causas principales para obtener un precioso renacimiento humano. Las acciones perjudiciales de mayor gravedad son la causa principal para renacer en los infiernos; las de gravedad media, para renacer como un espíritu ávido, y las más leves, para renacer como un animal. En las escrituras budistas se dan numerosos ejemplos que muestran cómo las acciones perjudiciales nos hacen renacer en los tres reinos inferiores.

Había una vez un cazador que estaba casado con una mujer procedente de una familia de granjeros. El cazador murió y renació como una vaca en la granja de la familia de la mujer. Un carnicero la compró, la sacrificó y vendió su carne. El cazador renació siete veces como una vaca en la granja de la misma familia y así terminaba convertido en alimento de otros.

En el Tíbet hay un lago llamado Yamdroktso donde muchas personas de la aldea más cercana se pasaban la vida pescando. Un día, un gran yogui clarividente visitó la aldea y dijo: «Veo que los habitantes de este pueblo y los peces del lago se van reemplazando unos a otros». Lo que quería decir es que las personas de la aldea que disfrutaban pescando renacían luego como peces, y se convertían en alimento para los demás; y los peces, a su vez, renacían como pescadores que disfrutaban pescando. De este modo cambiaban su aspecto físico y seguían matándose y comiéndose unos a otros. Este ciclo de sufrimiento continuó generación tras generación.

EL OBJETO DE LA MEDITACIÓN

En esta meditación el objeto es el sentimiento de miedo a renacer en los reinos inferiores, como un animal, un espíritu ávido o un ser infernal. Debemos aprender a generar este sentimiento de miedo mediante la contemplación de la exposición anterior del objetivo de esta meditación. Cuando, gracias a esta contemplación, surja en nuestro corazón un sentimiento de miedo a renacer de tal forma, habremos encontrado el objeto de la meditación.

Por lo general, tener miedo no tiene sentido, pero el que se genera por medio de esta contemplación y meditación tiene un gran significado. Surge de la sabiduría y nos apremia a preparar la verdadera protección para no renacer en los reinos inferiores, que es refugiarnos con sinceridad en Buda, el Dharma y la Sangha o en Guru Sumati Buda Heruka. Como resultado, nuestro próximo renacimiento será una preciosa vida humana que nos brindará la oportunidad de progresar de manera continua en la práctica de Dharma, tanto de sutra como de tantra. O el próximo renacimiento será en la tierra pura de Keajra, a la que llegaremos guiados por Guru Sumati Buda Heruka. Si no generamos esta clase de miedo ahora, nunca prepararemos esta protección.

LA MEDITACIÓN EN SÍ

Realizamos la siguiente contemplación:

Cuando se acaba el aceite de un candil, la llama se apaga porque la produce el aceite, pero cuando el cuerpo muere, nuestra consciencia no se extingue porque no ha sido producida a partir de él. En el momento de la muerte, la mente ha de abandonar el cuerpo –su morada temporal– y encontrar otro, como el pájaro que abandona su nido para volar a otro. A la mente no le queda más remedio que abandonar el cuerpo y carece de libertad para elegir su destino. Viajaremos al lugar de nuestro próximo renacimiento empujados por los vientos de las acciones o karma –nuestra buena o mala fortuna–. Si el karma que madura en el momento de la muerte es negativo, nos arrojará a un renacimiento inferior con toda seguridad. Las acciones perjudiciales más graves son la causa para renacer en los infiernos; las de gravedad media, para renacer como un espíritu ávido, y las más leves, para renacer como un animal.

Es muy fácil acumular karma negativo grave. Por ejemplo, con solo aplastar un mosquito motivados por el odio creamos la causa para renacer en los infiernos. Tanto en esta vida como en las innumerables vidas pasadas hemos cometido numerosas acciones negativas muy graves y si no las hemos purificado con la práctica de una confesión sincera, el potencial de cada una permanece en nuestro continuo mental y es posible que cualquiera de ellos madure en el momento de la muerte. Teniendo esto en cuenta, debemos preguntarnos: «Si me muero hoy, ¿dónde estaré mañana? Es muy probable que renazca como un animal, un espíritu ávido o en un infierno. Si alguien me llamara vaca estúpida, me resultaría difícil de soportar. ¿Qué haré si de verdad me convierto en una vaca, un cerdo o un pez, en alimento para los seres humanos?».

Después de contemplar este razonamiento repetidas veces, generamos un intenso miedo a renacer en los reinos inferiores. Mantenemos esta sensación de miedo sin olvidarla; hemos de concentrarnos en ella de manera convergente durante tanto tiempo como podamos. Si nos adiestramos de manera continua en esta meditación, generaremos un sentimiento espontáneo de miedo de renacer en los reinos inferiores. Este sentimiento de miedo es la realización de esta meditación.

Durante el descanso de la meditación intentamos no olvidar el miedo a renacer en los reinos inferiores.

MEDITACIÓN DEL REFUGIO

EL OBJETIVO DE LA MEDITACIÓN

El objetivo de esta meditación es protegernos para siempre de renacer en los reinos inferiores. En este contexto, *refugiarse* significa 'buscar protección en Buda, el Dharma y la Sangha'. De momento, puesto que somos humanos, estamos libres de haber nacido como un animal, un espíritu ávido o un ser de los infiernos, pero esta liberación es solo temporal. Somos como el prisionero que recibe permiso para marcharse a su casa durante una semana, pero luego tiene que volver a la cárcel. Necesitamos la liberación permanente de los sufrimientos de esta vida y de las incontables vidas futuras. Para conseguirlo hemos de emprender el camino budista hacia la liberación, recorrerlo y completarlo, y todo ello depende de que entremos en el budismo.

La práctica de refugio es la entrada al budismo. Para que nuestra práctica de refugio sea cualificada, hemos de visualizar a Buda en el espacio frente a nosotros y hacer la promesa verbal o mentalmente de refugiarnos en Buda, el Dharma y la Sangha durante toda la vida. Esta promesa es el voto de refugio y la puerta por la que entramos en el budismo. Mientras mantengamos la promesa, permaneceremos dentro del budismo, pero si la rompemos, nos quedaremos fuera. Si entramos y permanecemos en el budismo, tendremos la oportunidad de iniciar, recorrer y completar el camino hacia la liberación y la iluminación.

No debemos abandonar en ningún momento la promesa de refugiarnos en las Tres Joyas –Buda, el Dharma y la Sangha–, durante toda la vida. Refugiarnos en ellas significa esforzarnos en recibir las bendiciones de Buda, poner en práctica el Dharma y obtener ayuda de la Sangha. Estos son los tres compromisos principales del voto de refugio. Si mantenemos y practicamos los tres compromisos principales con sinceridad, podremos alcanzar nuestra meta final.

La razón principal por la que hemos de tomar la determinación de refugiarnos en Buda, el Dharma y la Sangha durante toda la vida es que necesitamos alcanzar la liberación permanente del sufrimiento. Es posible que ahora no tengamos dolor físico ni sufrimiento mental, pero como se mencionó con anterioridad, esta liberación es solo temporal. Más tarde en esta misma vida y en las incontables vidas futuras tendremos que padecer dolores físicos y sufrimiento mental insoportables de manera continua, vida tras vida sin cesar.

Cuando nuestra vida corre peligro o alguien nos amenaza, normalmente buscamos protección en la policía. Aunque, por supuesto, la policía puede protegernos en ocasiones de determinados peligros, no puede liberarnos de manera permanente de la muerte. Cuando estamos gravemente enfermos, nos refugiamos en los médicos. Algunas veces pueden curar determinadas enfermedades, pero ningún médico puede liberarnos de ellas para siempre. Lo que realmente necesitamos es la liberación permanente de todos los sufrimientos y, como seres humanos, solo podremos conseguirlo si nos refugiamos en Buda, el Dharma y la Sangha.

Los Budas son seres «despiertos», lo cual significa que han despertado del sueño de la ignorancia y están libres de la ilusión del samsara, el ciclo de vidas impuras. Son seres completamente puros que están libres para siempre de todos los engaños y apariencias equívocas. La función de Buda es conferir paz mental a todos y cada uno de los seres sintientes cada día a través de sus bendiciones. Sabemos que cuando nuestra mente está en paz, somos felices, y cuando no lo está, nos sentimos desdichados. Por lo tanto, está claro que nuestra felicidad depende de la paz interior y no de lo favorables que sean las condiciones externas. Aunque estas sean desfavorables, si mantenemos la mente apacible en todo momento, seremos siempre felices. Si recibimos las bendiciones de Buda de manera continua, podremos mantener una mente apacible en todo momento. Por lo tanto, Buda es la fuente de nuestra felicidad. El Dharma es la verdadera protección con la cual nos liberamos para siempre del sufrimiento de las enfermedades, la vejez, la muerte y el renacimiento, y la Sangha son los practicantes espirituales supremos que nos guían por los caminos espirituales correctos. Con estas tres gemas preciosas que colman todos los deseos –Buda, el Dharma y la Sangha–, conocidas como las Tres Joyas, podemos cumplir tanto nuestros propios deseos como los de todos los demás seres.

Cada día, desde lo más profundo del corazón y con fe firme, hemos de recitar oraciones de súplica a los Budas iluminados. Este es un método sencillo para recibir sus bendiciones de manera continua. Además, siempre que podamos, debemos asistir a las oraciones en grupo, conocidas como *puyhas*, que se organizan en los templos budistas u otros lugares de oración, que son métodos muy poderosos para recibir las bendiciones y la protección de los Budas.

EL OBJETO DE LA MEDITACIÓN

En esta meditación, el objeto es nuestra resolución y promesa de esforzarnos en lograr los tres objetivos siguientes: recibir las bendiciones de Buda, poner el Dharma en práctica y recibir ayuda de la Sangha –los practicantes espirituales puros, incluidos nuestros maestros espirituales–. Debemos aprender a generar esta resolución y hacer esta promesa mediante la contemplación de la exposición anterior del objetivo de esta meditación. Cuando, gracias a esta contemplación, surja en nuestro corazón la firme resolución de lograr estos tres objetivos, habremos encontrado el objeto de la meditación.

LA MEDITACIÓN EN SÍ

Realizamos la siguiente contemplación:

Quiero protegerme y liberarme de manera permanente de los sufrimientos de esta vida y de las incontables vidas futuras. Esto solo lo puedo lograr con las bendiciones de Buda, la práctica de Dharma y la ayuda de la Sangha –los practicantes espirituales supremos–.

Contemplando de este modo en profundidad, primero tomamos la firme resolución de esforzarnos en lograr los tres objetivos mencionados, y después, mentalmente prometemos hacerlo. Mantenemos esta resolución y promesa sin olvidarlas y permanecemos concentrados de manera convergente en ellas durante tanto tiempo como podamos. Si nos adiestramos de manera continua en esta meditación, generaremos el deseo espontáneo de esforzarnos en recibir las bendiciones de Buda, poner el Dharma en práctica y recibir ayuda de la Sangha. Este deseo es la realización de esta meditación.

Durante el descanso de la meditación debemos esforzarnos siempre en recibir las bendiciones de Buda, practicar el Dharma y recibir ayuda de la Sangha –los practicantes espirituales puros, incluido nuestro maestro espiritual–. Este es el modo de refugiarnos en Buda, el Dharma y la Sangha. Con esta práctica alcanzaremos nuestra meta –la liberación permanente de todos los sufrimientos de esta vida y de las incontables vidas futuras, el verdadero significado de nuestra vida humana–.

A fin de mantener la promesa de refugiarnos en Buda, el Dharma y la Sangha durante toda la vida, y para que nosotros mismos y todos los demás seres sintientes podamos recibir la protección y las bendiciones de Buda, recitamos cada día con fe firme la siguiente oración de refugio:

Yo y todos los seres sintientes nos refugiamos en Buda,
el Dharma y la Sangha
hasta que alcancemos la iluminación.

MEDITACIÓN SOBRE EL KARMA

EL OBJETIVO DE LA MEDITACIÓN

El objetivo de esta meditación es evitar el sufrimiento futuro y establecer el fundamento del camino hacia la liberación y la iluminación. Por lo general, *karma* significa 'acción'. Las acciones perjudiciales producen sufrimiento, y las virtuosas, felicidad. Si creemos en esto, creemos en el karma. Buda impartió extensas enseñanzas en las que se demuestra la veracidad de esta afirmación y, como se ha mencionado en la primera parte de este libro, dio numerosos ejemplos que ilustran la conexión especial que hay entre las acciones que realizamos en vidas pasadas y las experiencias que tenemos en esta vida, algunos de los cuales pueden encontrarse en el libro *El camino gozoso de buena fortuna*.

Las acciones perjudiciales son las opuestas a la virtud. En términos generales, *virtud* significa 'buena fortuna', que produce buenos resultados, y *perjudicial*, 'mala fortuna', que produce malos resultados. En vidas pasadas cometimos diversas clases de acciones perjudiciales que causaron sufrimiento a los demás. Como resultado de ellas, nos enfrentamos con diferentes condiciones y situaciones desfavorables, y experimentamos un sinfín de sufrimientos y problemas humanos. Lo mismo les ocurre a los demás seres sintientes.

Hemos de analizar si creemos o no que la causa principal del sufrimiento son nuestras acciones perjudiciales, y la de la felicidad, nuestras acciones virtuosas. Si no creemos en ello, no nos esforzaremos nunca en acumular acciones virtuosas o méritos ni purificaremos las acciones perjudiciales que hayamos cometido y, como resultado, experimentaremos sufrimientos y dificultades de manera continua, vida tras vida sin cesar.

Cada acción que efectuamos imprime una huella en nuestra mente muy sutil que, con el tiempo, produce su correspondiente resultado. Nuestra mente es comparable a un campo de siembra, y las acciones que realizamos, a las semillas que se plantan en él. Las acciones virtuosas siembran las semillas de la felicidad futura, y las perjudiciales, las del sufrimiento. Estas semillas permanecen latentes en nuestra mente hasta el momento en que se reúnen las condiciones necesarias para que germinen y produzcan su efecto. En algunos casos, desde que se realiza la acción original hasta que maduran sus consecuencias pueden transcurrir varias vidas.

Las semillas que brotan en el momento de la muerte son muy importantes porque determinan el tipo de renacimiento que vamos a tener en nuestra próxima vida. El que madure un tipo u otro de semillas al morir depende del estado mental en que nos encontremos en ese momento. Si morimos con una mente apacible, se activará una semilla virtuosa y, en consecuencia, renaceremos en un reino afortunado; pero si morimos con una mente alterada, por ejemplo, con odio, se activará una semilla perjudicial y renaceremos en un reino desafortunado. Esto es parecido a cómo surgen las pesadillas cuando nos dormimos con la mente agitada e intranquila.

Las acciones inapropiadas, como matar, robar, tener una mala conducta sexual, mentir, causar desunión con la palabra, pronunciar palabras ofensivas, chismorrear, codicia, malicia y sostener creencias erróneas, y muchas otras acciones que causan sufrimiento a otros seres, como torturarlos o golpearlos, son acciones perjudiciales. Cuando las abandonamos y nos esforzamos en purificar las que ya hemos cometido en el pasado, estamos practicando la disciplina moral. De este modo evitamos padecer sufrimiento en el futuro y renacer en los reinos inferiores. Ejemplos de acciones virtuosas son la consideración por los demás, el sentido del honor, la compasión, mostrar bondad amorosa a los demás, beneficiarlos y, en particular, el adiestramiento en todas las meditaciones y prácticas espirituales que se presentan en este libro.

La meditación es una acción mental virtuosa que constituye la causa principal para disfrutar de paz interior en el futuro. Cada vez que meditamos, aunque la meditación no sea clara, estamos realizando una acción mental virtuosa que es causa de nuestra felicidad y paz interior futuras. Por lo general, nos preocupan principalmente las acciones físicas y verbales, pero en realidad las mentales son más importantes. Las acciones físicas y verbales dependen de las mentales, de que mentalmente decidamos hacerlas.

Cada vez que realicemos una acción virtuosa, como meditar o cualquier otra práctica espiritual, debemos tomar la siguiente determinación:

Al montar el caballo de las acciones virtuosas
con las riendas de la renuncia, lo guiaré por el camino liberador;
y apremiándole con la fusta del esfuerzo
alcanzaré pronto la tierra pura de la liberación y la iluminación.

EL OBJETO DE LA MEDITACIÓN

En esta meditación el objeto es la resolución de abandonar las acciones perjudiciales, purificar las que ya hemos cometido y acumular méritos o acciones virtuosas. Debemos aprender a generar esta resolución mediante la contemplación de la exposición anterior del objetivo de esta meditación. Cuando gracias a esta contemplación surja en nuestro corazón la firme resolución de abandonar las acciones perjudiciales y de acumular méritos, habremos encontrado el objeto de la meditación.

LA MEDITACIÓN EN SÍ

Realizamos esta contemplación y pensamos:

Puesto que no deseo sufrir nunca y siempre quiero ser feliz, debo abandonar las acciones perjudiciales, purificar las que he cometido y realizar obras virtuosas con sinceridad.

Mantenemos con firmeza esta determinación y permanecemos concentrados en ella de manera convergente durante tanto tiempo como podamos. Si nos adiestramos con perseverancia en esta meditación, generaremos un deseo espontáneo de abandonar las acciones perjudiciales, purificar las que ya hemos cometido y acumular acciones virtuosas. Este deseo es la realización de esta meditación.

Durante el descanso de la meditación, hemos de poner esta determinación en práctica.

Gracias al espejo de las enseñanzas de Buda –el Dharma–, podemos ver nuestras propias faltas y tenemos la oportunidad de superarlas.

Meditación del ser del nivel medio

Hay cuatro meditaciones del ser del nivel medio:

1. Meditación de la renuncia.
2. Meditación sobre la determinación de reconocer, reducir y abandonar la ignorancia del aferramiento propio, la raíz del renacimiento en el samsara.
3. Meditación sobre la determinación de practicar el camino en sí hacia la liberación, los tres adiestramientos superiores.
4. Meditación sobre la determinación de alcanzar cesaciones verdaderas.

MEDITACIÓN DE LA RENUNCIA

EL OBJETIVO DE LA MEDITACIÓN

El objetivo de esta meditación es entrar en el camino que nos conduce a la liberación, recorrerlo y completarlo. Para lograrlo hemos de reflexionar sobre lo que debemos conocer, lo que debemos abandonar, lo que debemos practicar y lo que debemos alcanzar.

En el *Sutra de las cuatro nobles verdades*, Buda dice: «Conoce los sufrimientos». De este modo nos está aconsejando que conozcamos los insoportables sufrimientos que tendremos que experimentar en las incontables vidas futuras y, por lo tanto, que cultivemos la renuncia, la determinación de liberarnos de ellos para siempre.

Por lo general, quienes padecen dolor físico o mental, incluidos los animales, conocen bien su propio sufrimiento, pero cuando Buda dice: «Conoce los sufrimientos», se refiere a los de nuestras vidas futuras. Este conocimiento nos hará generar un intenso deseo de liberarnos de ellos. Este consejo práctico es importante para todos porque si tenemos el deseo de liberarnos de los sufrimientos de las incontables vidas futuras, sin lugar a dudas utilizaremos nuestra presente existencia humana para asegurarnos la felicidad y la libertad en ellas. No hay nada con más significado que esto.

Si no tenemos este deseo, desperdiciaremos nuestra preciosa existencia humana solo para intentar conseguir libertad y felicidad en esta vida tan corta. Hacer esto sería una gran necedad porque nuestras intenciones y acciones no serían muy diferentes de las de los animales, que solo tienen en cuenta esta vida. El gran yogui Milarepa en cierta ocasión dijo al cazador Gompo Doryhe:

> «Tienes el cuerpo de un ser humano, pero tu mente
> es la de un animal.
> Tú, ser humano con mente de animal, por favor,
> escucha mi canción».

Normalmente pensamos que lo más importante es solucionar los problemas de esta vida y dedicamos todo el tiempo a conseguirlo. En realidad, estos problemas y sufrimientos duran muy poco; si nos morimos mañana, cesarán mañana mismo. Sin embargo, puesto que la duración de los sufrimientos y problemas de las vidas futuras es ilimitada, la felicidad y la libertad de las vidas futuras son muchísimo más importantes que las de esta, que es solo una y muy corta. Con el consejo: «Conoce los sufrimientos», Buda nos anima a utilizar esta existencia humana para preparar ahora las causas de la felicidad y la libertad que deseamos tener en las incontables vidas futuras, y aquellos que lo hacen son realmente sabios.

En vidas futuras, cuando renazcamos como un animal, por ejemplo, una vaca o un pez, nos convertiremos en alimento de otros seres y tendremos que experimentar muchos otros sufrimientos propios del reino animal. Los animales no tienen libertad y los seres humanos los utilizan como alimento o para el trabajo y las diversiones. No tienen la oportunidad de mejorarse personalmente y aunque escuchen las preciosas palabras del Dharma, para ellos tienen tan poco sentido como el soplo del viento. Cuando renazcamos como espíritus ávidos, no encontraremos ni una sola gota de agua para saciar la sed aparte de nuestras propias lágrimas. Padeceremos sufrimientos insoportables de hambre y sed durante cientos de años. Cuando renazcamos como un ser de los infiernos calientes, nuestro cuerpo será inseparable del fuego y los demás solo podrán distinguirlos por nuestros gritos de dolor. Durante millones de años tendremos que sufrir el tormento insoportable de que nuestro cuerpo esté ardiendo. Al igual que todos los demás fenómenos, los reinos de los infiernos no existen de manera inherente, sino como meras apariencias de la mente, como los sueños.

Cuando renazcamos como un dios del reino del deseo tendremos grandes conflictos y mucha insatisfacción. Aunque disfrutemos superficialmente de algo, nuestros deseos seguirán aumentando y el sufrimiento mental será aún mayor que el de los seres humanos. Cuando renazcamos como un semidiós tendremos celos de la gloria de los dioses en todo momento, lo cual nos causará un gran dolor mental. Los celos son como espinas que se nos clavan en la mente y nos hacen experimentar sufrimiento físico y mental durante largos períodos de tiempo. Cuando renazcamos como un ser humano tendremos que padecer diversas clases de sufrimientos propios de este reino, como los del nacimiento, las enfermedades, la vejez y la muerte.

EL NACIMIENTO

Cuando la consciencia entra en la unión del esperma de nuestro padre y el óvulo de la madre, nuestro cuerpo no es más que una sustancia acuosa, como un yogur rojizo y muy caliente. En los primeros momentos que siguen a la concepción no tenemos sensaciones burdas, pero en cuanto surgen, comenzamos a experimentar dolor. Nuestro cuerpo se va endureciendo de manera progresiva y, a medida que los miembros se van desarrollando, sentimos como si alguien los estirara en una mesa de tortura. El vientre de nuestra madre es caliente y oscuro. Este pequeño espacio saturado de sustancias impuras será nuestro hogar durante nueve meses. Nos sentimos como si estuviéramos apretujados dentro de un pequeño aljibe lleno de líquidos sucios y completamente cerrado de forma que no pueden entrar ni el aire ni la luz.

Mientras permanecemos en el seno de nuestra madre padecemos mucho miedo y dolor en soledad y somos muy sensibles a cualquier cosa que haga. Si camina deprisa, sentimos como si cayéramos desde lo alto de una montaña y nos sentimos aterrorizados. Si mantiene relaciones sexuales, nos parece como si nos aplastaran entre dos grandes masas pesadas que nos asfixian y sentimos pánico. Si da un salto, aunque sea pequeño, es como si cayéramos contra el suelo desde una gran altura. Si bebe algo caliente, notamos como si nos escaldaran con agua hirviendo, y si es frío, como si nos ducharan con agua helada en pleno invierno.

Al salir del seno materno, sentimos como si nos forzaran a pasar por una estrecha hendidura entre dos piedras rocosas, y nada más nacer, nuestra piel es tan delicada que el contacto con cualquier objeto nos resulta doloroso. Cuando alguien nos toma en sus brazos, aunque lo haga con ternura, sentimos como si sus manos nos rasgaran la piel y hasta las ropas más delicadas nos resultan abrasivas. En comparación con la suavidad y tersura del seno de nuestra madre, cualquier objeto que toquemos nos parece áspero y nos hace daño. Si nos cogen en brazos, nos parece como si nos balancearan al borde de un precipicio, nos sentimos inseguros y tenemos miedo. Hemos olvidado todo lo que aprendimos en la vida anterior y no traemos más que dolor y confusión del seno de nuestra madre. Las palabras que escuchamos tienen tanto sentido para nosotros como el soplo del viento y somos incapaces de comprender nada de lo que percibimos. Durante las primeras semanas es como si estuviéramos ciegos, sordos y mudos, y padeciéramos de profunda amnesia. Cuando tenemos hambre, no podemos decir: «Quiero comer», o cuando nos duele algo: «Me duele aquí». La única manera que tenemos de expresarnos es con llantos y gestos de enfado y, a menudo, ni siquiera nuestra madre sabe lo que nos ocurre. Estamos totalmente indefensos y nos tienen que enseñar a hacerlo todo: comer, sentarnos, caminar, hablar.

Durante las primeras semanas después del nacimiento es cuando somos más vulnerables, pero los sufrimientos no cesan a medida que vamos creciendo, sino que continúan a lo largo de toda la vida. Al igual que al encender una chimenea, el calor que se propaga por toda la casa proviene del fuego, cuando obtenemos un renacimiento en el samsara, el sufrimiento impregna nuestra vida y todas las desgracias que experimentamos surgen de este renacimiento contaminado.

El renacimiento humano, contaminado por el venenoso engaño del aferramiento propio, es la base del sufrimiento humano; sin ella, no tendríamos problemas humanos. Los dolores del nacimiento dan paso con el tiempo a los de las enfermedades, la vejez y la muerte; todos forman parte del mismo continuo.

LAS ENFERMEDADES

El nacimiento también da paso a los sufrimientos de las enfermedades. Al igual que los vientos invernales y la nieve despojan los verdes prados, árboles y plantas de su esplendor, las enfermedades arrebatan al cuerpo la lozanía de su juventud, destruyen su vitalidad y el poder de los sentidos. Aunque por lo general gocemos de buena salud y estemos en forma, cuando caemos enfermos, de repente somos incapaces de realizar las actividades físicas cotidianas. Hasta un campeón mundial de boxeo que normalmente es capaz de derrotar a sus adversarios queda completamente indefenso ante la enfermedad. Las enfermedades nos impiden disfrutar de los placeres diarios y nos producen sensaciones desagradables día y noche.

Al enfermar somos como el pájaro que vuela por el cielo y, de pronto, cae al suelo desplomado y herido por un disparo perdiendo toda su gloria y poder. De igual modo, cuando enfermamos, quedamos súbitamente incapacitados. Si padecemos una enfermedad grave, puede que tengamos que depender de los demás para todo y perdamos incluso la facultad de controlar nuestras funciones fisiológicas. Estos cambios son difíciles de aceptar, especialmente para los que se enorgullecen de su independencia y buena salud.

Si caemos enfermos, nos sentimos frustrados porque no podemos realizar nuestro trabajo cotidiano ni completar las actividades que nos habíamos propuesto. Nos impacientamos con facilidad con nuestra dolencia y nos deprimimos al pensar en todo lo que no podemos hacer. No podemos disfrutar de las cosas que normalmente nos proporcionan placer, como hacer deporte, bailar, beber o comer lo que nos gusta, ni de la compañía de nuestros amigos. Todas estas limitaciones nos hacen sentir todavía más desdichados. Además, por si fuera poco, tenemos que padecer los dolores físicos que conlleva la enfermedad.

Cuando caemos enfermos, no solo tenemos que soportar los dolores propios de la enfermedad, sino también muchas otras circunstancias desagradables. Por ejemplo, hemos de aceptar el tratamiento que nos prescribe el médico, ya sea tomar medicinas amargas, ponernos inyecciones, privarnos de algo que nos gusta mucho o someternos a una operación quirúrgica. En este último caso, nos ingresarán en un hospital y estaremos obligados a aceptar las condiciones que nos impongan. Puede que tengamos que comer cosas que nos desagradan y estar en la cama todo el día sin nada que hacer, llenos de ansiedad al pensar en la operación que nos espera. Es posible que el médico no nos ofrezca una explicación clara sobre nuestra dolencia ni su opinión acerca de si vamos a sobrevivir o no.

Si nos dicen que nuestra enfermedad es incurable y carecemos de experiencia espiritual, sentiremos angustia, temor y arrepentimiento. Es muy posible que nos deprimamos y perdamos las esperanzas o que nos enfademos con la enfermedad pensando que es un cruel enemigo que nos despoja de toda nuestra felicidad.

LA VEJEZ

El nacimiento también da lugar a los sufrimientos de la vejez. Esta nos roba la belleza, la salud, la figura esbelta y la fina tez, la vitalidad y el bienestar. La vejez hace que los demás nos desprecien. Nos trae dolores indeseados y nos conduce sin demora hacia la muerte.

Con el paso de los años perdemos la belleza de la juventud, nuestro cuerpo fuerte y sano se debilita y lo abaten las enfermedades. La esbelta figura de que disfrutamos en la juventud, bien definida y proporcionada, se va encorvando y desfigurando; los músculos y la carne se arrugan y encogen, por lo que las extremidades se vuelven como finas estacas y sobresalen los huesos. Perdemos el color y el brillo del cabello y nuestra tez pierde su lustre. La cara se nos llena de arrugas y los rasgos se van deformando. Milarepa dijo:

> «¿Cómo se ponen de pie los ancianos? Se incorporan como si estuvieran sacando una estaca clavada en la tierra. ¿Cómo caminan los ancianos? Después de conseguir ponerse de pie, caminan con cautela como si cazaran pajarillos. ¿Cómo se sientan los ancianos? Se dejan caer como una pesada bolsa a la que se le rompen las asas».

Contemplemos el siguiente poema compuesto por el erudito Gungtang que describe los sufrimientos del envejecimiento:

> «Cuando envejecemos, el cabello se nos vuelve blanco,
> pero no es porque nos lo hayamos lavado;
> es una señal de que pronto nos encontraremos con
> el Señor de la Muerte.
>
> Nuestra frente se llena de arrugas,
> pero no es porque nos sobre carne;
> es porque el Señor de la Muerte nos advierte:
> "Pronto vas a morir".
>
> Se nos caen los dientes,
> pero no es para que nos salgan otros nuevos;
> es una señal de que pronto no podremos ingerir
> alimentos.
>
> Nuestro rostro se vuelve feo y grotesco,
> pero no es porque llevemos una máscara;
> es una señal de que hemos perdido la máscara
> de la juventud.
>
> Nos tiembla la cabeza de lado a lado,
> pero no es porque estemos en desacuerdo;
> es porque el Señor de la Muerte nos golpea con
> la porra que lleva en la mano derecha.

Caminamos con el cuerpo encorvado y mirando hacia
el suelo,
pero no es porque busquemos agujas perdidas;
es una señal de que añoramos nuestra belleza
y vivimos de recuerdos.

Para ponernos de pie nos apoyamos sobre las cuatro
extremidades,
pero no es porque imitemos a los animales;
es una señal de que nuestras piernas son demasiado
débiles para soportar nuestro peso.

Nos sentamos como si nos desplomáramos de forma
repentina,
pero no es porque estemos enfadados;
es una señal de que nuestro cuerpo ha perdido
la vitalidad.

Nos tambaleamos al andar,
pero no es porque nos creamos importantes;
es una señal de que nuestras piernas no pueden
sostener nuestro cuerpo.

Nos tiemblan las manos,
pero no es porque estemos ansiosos por robar;
es una señal de que el Señor de la Muerte, con sus
dedos ávidos, se apropia de nuestras posesiones.

Nos alimentamos con muy poco,
pero no es porque seamos mezquinos;
es una señal de que no podemos digerir los alimentos.

Jadeamos al respirar,
pero no es porque susurremos mantras al oído de
un enfermo;
es una señal de que nuestra respiración pronto cesará».

Cuando somos jóvenes podemos viajar por todo el mundo, pero al envejecer apenas somos capaces de llegar a la puerta de nuestra casa. No tenemos energía para emprender muchas actividades mundanas y, a menudo, hemos de restringir nuestras prácticas espirituales. Por ejemplo, disponemos de poca vitalidad para realizar acciones virtuosas y nos cuesta recordar las enseñanzas, contemplarlas o meditar en ellas. No podemos asistir a los cursos espirituales que se imparten en lugares de difícil acceso o que carecen de comodidades. No podemos ayudar a los demás si para ello se requiere fuerza física y buena salud. Limitaciones como estas a menudo entristecen mucho a los ancianos.

Al envejecer vamos perdiendo la vista y la audición. No podemos ver con claridad y cada vez necesitamos gafas con cristales más gruesos hasta que ni siquiera con ellas podemos leer. Nos volvemos duros de oído y nos resulta cada vez más difícil escuchar música y oír la televisión o lo que nos dicen los demás. Perdemos la memoria y nos cuesta más realizar nuestras actividades, ya sean mundanas o espirituales. Si meditamos, nos resulta más difícil alcanzar realizaciones porque la memoria y la concentración son muy débiles, y no conseguimos aplicarnos en el estudio. Por lo tanto, si durante la juventud no nos adiestramos en las prácticas espirituales, lo único que podremos hacer al llegar a la vejez será arrepentirnos de ello y esperar la visita del Señor de la Muerte.

Cuando somos viejos no podemos obtener el mismo placer que antes de las cosas que nos solían gustar, como los alimentos, las bebidas o las relaciones sexuales. Nos sentimos demasiado débiles para practicar juegos y deportes, y a menudo estamos tan cansados que no podemos disfrutar de ninguna diversión. A medida que nuestra edad avanza, no podemos participar en las actividades de los jóvenes. Cuando se van de viaje, nos tenemos que quedar atrás. Nadie quiere llevarnos con ellos ni visitarnos. Ni siquiera nuestros nietos desean pasar mucho tiempo con nosotros. A menudo, los ancianos piensan: «¡Qué maravilloso sería si estuviera rodeado de gente joven! Podríamos ir de paseo y les enseñaría tantas cosas...», pero los jóvenes no quieren incluirse en sus planes. A medida que la vida les llega a su fin, los ancianos padecen el dolor de la soledad y el abandono. Hay muchos sufrimientos propios de la vejez.

LA MUERTE

El nacimiento también conduce a los sufrimientos de la muerte. Si durante la vida hemos trabajado duro para acumular posesiones y les tenemos mucho apego, en el momento de la muerte padeceremos un gran sufrimiento al pensar: «Ahora tendré que dejar atrás todas mis posesiones». Si ahora nos resulta difícil prestar nuestras posesiones más preciadas y mucho más regalarlas, ¿qué sucederá al morir, cuando comprendamos que vamos a perderlo todo?

En el momento de la muerte nos veremos obligados a separarnos hasta de los amigos más íntimos. Tendremos que abandonar a nuestra pareja, aunque hayamos pasado la mayor parte de nuestras vidas juntos sin separarnos ni un día. Si tenemos mucho apego a nuestros amigos, al morir nos sentiremos apenados y angustiados, pero lo único que podremos hacer será cogerles de la mano. Aunque oren con nosotros para que no muramos, no podremos detener el proceso de la muerte. Por lo general, si estamos muy apegados a una persona y nos deja solos para pasar un tiempo con otra, nos ponemos celosos; pero, al morir, tendremos que dejar a nuestros amigos para siempre en compañía de otros. Dejaremos a todos atrás, incluso a nuestra familia y a todos aquellos que nos han ayudado en esta vida.

Al morir tendremos que separarnos de este cuerpo que tanto hemos estimado y cuidado, que se convertirá en una masa inanimada de carne que habrá que incinerar o enterrar.

Si carecemos de la protección interna de la experiencia espiritual, en el momento de la muerte nos embargarán el miedo y la angustia, además del dolor físico.

Cuando al morir nuestra mente se separe del cuerpo, llevará consigo todos los potenciales que hayamos acumulado en ella al realizar acciones tanto virtuosas como perjudiciales. Aparte de esto, no podremos llevarnos nada de este mundo. Todo lo demás nos defraudará. La muerte acaba con todas nuestras actividades: las conversaciones, las comidas, las reuniones con los amigos y hasta con el sueño. Todo terminará el día de nuestra muerte y nos veremos obligados a dejarlo todo atrás, incluidos los anillos que llevemos en los dedos. En el Tíbet, los vagabundos solían llevar un bastón para defenderse de los perros. Para comprender la privación total a la que nos somete la muerte, hemos de recordar que los vagabundos tienen que abandonar incluso su viejo bastón, la más miserable de las posesiones humanas. Por todo el mundo podemos comprobar que lo único que les queda a los muertos es su nombre grabado en una lápida.

OTRAS CLASES DE SUFRIMIENTO

Los seres sintientes también hemos de experimentar los sufrimientos de la separación, enfrentarnos con lo que nos disgusta y no poder cumplir nuestros deseos –lo cual incluye los sufrimientos de la pobreza y de ser perjudicados por otros seres, humanos y no humanos, y por los elementos agua, fuego, aire y tierra–. Antes de la despedida final en el momento de la muerte, a menudo tenemos que separarnos temporalmente de las personas y las cosas que nos gustan, lo cual nos produce sufrimiento mental. Es posible que nos veamos obligados a abandonar nuestro país de origen, donde están todos nuestros familiares y amigos o que perdamos el puesto de trabajo que nos gusta. En cualquier momento podemos perder nuestra reputación. Muchas veces en la vida hemos de padecer el dolor de tener que separarnos de nuestros seres queridos y de perder o vernos forzados a abandonar aquello que nos resulta atractivo y agradable; pero al morir tendremos que separarnos para siempre de todos nuestros compañeros y los disfrutes de esta vida, así como de las condiciones internas y externas de que ahora disponemos para la práctica del Dharma.

A menudo tenemos que encontrarnos con personas que no nos gustan y convivir con ellas o enfrentarnos a situaciones desagradables. En ocasiones puede que nos veamos atrapados en circunstancias muy peligrosas, como un incendio o una inundación, o violentas, como una revuelta o una guerra. La vida está llena de situaciones menos extremas que nos resultan molestas. A veces no podemos hacer las cosas que quisiéramos. Por ejemplo, queremos ir a la playa un día soleado, pero nos quedamos atrapados en un atasco de tráfico. El demonio interno de los engaños perturba continuamente nuestra paz interior e interfiere en nuestras prácticas espirituales. Las condiciones que nos impiden hacer lo que deseamos y desbaratan nuestros planes son innumerables. Es como si viviéramos desnudos en un matorral de espinos, con cada movimiento que hacemos más nos hieren las circunstancias. Las personas y los acontecimientos son como espinas que se nos clavan en el cuerpo y ninguna situación nos resulta totalmente satisfactoria. Cuantos más planes y deseos tenemos, más frustraciones experimentamos, y cuanto más queremos ciertas situaciones, más nos encontramos atrapados en otras que no deseamos. Parece como si cada deseo atrajera su propio obstáculo. Las circunstancias indeseables ocurren sin necesidad de buscarlas. De hecho, lo único que nos llega con facilidad es aquello que no deseamos. Nadie quiere morir, pero la muerte nos llega sin que realicemos ningún esfuerzo. Nadie quiere padecer enfermedades, pero nos sobrevienen también sin esfuerzo. Puesto que hemos renacido sin libertad ni control, tenemos un cuerpo impuro, vivimos en lugares impuros y nos ocurren toda clase de desgracias. Estas experiencias son completamente normales en el samsara.

Tenemos innumerables deseos, pero por mucho que nos esforzamos en colmarlos, nunca nos sentimos satisfechos. Incluso cuando logramos lo que deseamos, no lo conseguimos de la manera que queremos. Tenemos el objeto, pero no obtenemos el bienestar que esperábamos de poseerlo. Por ejemplo, quizás soñamos con hacernos ricos, pero si llegamos a serlo, nuestra vida no transcurrirá del modo en que habíamos imaginado y no sentiremos que hayamos colmado nuestros deseos. Esto se debe a que nuestros deseos no disminuyen a medida que aumenta nuestra riqueza. Cuanta más tenemos, más queremos. La riqueza que buscamos no existe porque queremos una cantidad que sacie nuestros deseos y ninguna lo puede hacer. Por si fuera poco, al esforzarnos por obtener aquello que deseamos, creamos nuevas causas de insatisfacción. Cada cosa que deseamos lleva implícita otras que nos desagradan. Por ejemplo, la riqueza conlleva inseguridad, el pago de impuestos y asuntos financieros de complejidad. Estas consecuencias indeseadas nunca nos permiten sentirnos realmente satisfechos. De igual modo, quizás soñamos con pasar unas vacaciones en un lugar exótico y lo conseguimos, pero la experiencia que tenemos no cumple en todo nuestras expectativas y además las vacaciones siempre conllevan inconvenientes, como quemaduras de sol y muchos gastos.

Si lo analizamos con detenimiento, nos daremos cuenta de que nuestros deseos son desmesurados. Queremos lo mejor del samsara: el mejor puesto de trabajo, el mejor compañero, la mejor reputación, la mejor casa, el mejor coche, las mejores vacaciones. Todo lo que no sea «lo mejor» nos deja insatisfechos, buscando sin encontrar lo que deseamos. Ningún placer mundano puede proporcionarnos la felicidad perfecta y completa que buscamos. Cada día se fabrican objetos que superan los anteriores. Continuamente aparecen anuncios de que acaba de salir al mercado el mejor producto, pero unos días después aparece otro que es mejor aún. No dejan de aparecer cosas nuevas para cautivar nuestros deseos.

Los niños en la escuela nunca pueden satisfacer sus ambiciones ni las de sus padres. Aunque consigan ser los primeros de la clase, sienten que no podrán estar satisfechos hasta lograr lo mismo en el curso siguiente. Si en el futuro tienen éxito en el trabajo, su ambición seguirá igual de intensa. Jamás pueden descansar porque nunca se sienten plenamente satisfechos con lo que han hecho.

Quizá pensemos que, al menos, los que llevan una vida sencilla en el campo deben de estar contentos, pero si analizamos su situación, comprobaremos que incluso los campesinos buscan, pero no encuentran, lo que desean. Sus vidas están llenas de problemas y ansiedad, y no disfrutan de paz ni satisfacción verdaderas. Sus medios de vida dependen de muchos factores imprevisibles que no pueden controlar, como el tiempo. Los campesinos no sufren menos de insatisfacción que los ejecutivos que viven y trabajan en la ciudad. Los hombres de negocios parecen elegantes y eficientes al dirigirse cada mañana al trabajo con sus maletines, pero a pesar de su buen aspecto externo, guardan mucha insatisfacción en su corazón. Aún siguen buscando lo que desean, pero no lo encuentran.

Si reflexionamos sobre esta situación, es posible que lleguemos a la conclusión de que para encontrar lo que buscamos es necesario abandonar nuestras posesiones. No obstante, podemos ver que los pobres también buscan y no encuentran lo que desean, y muchos tienen dificultades incluso para cubrir las necesidades más básicas de la vida; millones de personas en el mundo experimentan los sufrimientos de la pobreza extrema.

No podemos evitar el sufrimiento de la insatisfacción modificando continuamente las circunstancias. Es posible que pensemos que si cambiamos a menudo de pareja o de trabajo, o si viajamos de un lugar a otro, encontraremos finalmente lo que deseamos; pero aunque diéramos la vuelta al mundo y tuviéramos un nuevo amante en cada ciudad, seguiríamos buscando otro lugar y otro amante. En el samsara no es posible satisfacer plenamente nuestros deseos.

Todas las personas, ya sean de alta o baja posición social, hombres o mujeres, se diferencian solo en su apariencia, modo de vestir, conducta y estatus. En esencia, todos son iguales –todos tienen problemas en la vida –. Siempre que tenemos problemas es fácil pensar que están causados por las circunstancias en que nos encontramos y que si estas cambiasen, desaparecerían. Culpamos a otras personas, a nuestros amigos, a los alimentos, al gobierno, a estos tiempos, al clima, a la sociedad, a la historia o a cualquier otra cosa. Sin embargo, las circunstancias externas como estas no son la causa principal de nuestros problemas. Debemos reconocer que todos los dolores físicos y el sufrimiento mental que experimentamos son el resultado de haber obtenido un renacimiento contaminado por el veneno interno de las perturbaciones mentales. Los seres humanos hemos de padecer las diversas clases de sufrimientos característicos de nuestra especie por tener un renacimiento humano contaminado; los animales han de padecer sufrimiento animal por tener un renacimiento animal contaminado, y los espíritus ávidos y los seres de los infiernos experimentan sus propios sufrimientos por haber obtenido sus respectivos renacimientos contaminados. Ni siquiera los dioses están libres del sufrimiento porque su renacimiento también está contaminado. Al igual que una persona atrapada en un gran incendio siente mucho miedo, nosotros también hemos de generar un intenso temor a los insoportables sufrimientos del ciclo interminable de vidas impuras. Este miedo es la verdadera renuncia y procede de la sabiduría.

EL OBJETO DE LA MEDITACIÓN

El objeto de esta meditación es la determinación de liberarnos para siempre de los sufrimientos de nuestras incontables vidas futuras. Esta resolución es la renuncia. Debemos aprender a generarla mediante la contemplación de la exposición anterior del objetivo de esta meditación. Cuando, gracias a esta contemplación, surja en nuestro corazón la firme determinación de liberarnos para siempre de los sufrimientos de esta vida y de las incontables vidas futuras, habremos encontrado el objeto de la meditación.

LA MEDITACIÓN EN SÍ

Desde lo más profundo del corazón debemos pensar:

Negar los sufrimientos de las vidas futuras no me aporta ningún beneficio; cuando caigan sobre mí, será demasiado tarde para protegerme. Por lo tanto, he de protegerme ahora que dispongo de una vida humana que me brinda la oportunidad de liberarme para siempre de los sufrimientos de mis incontables vidas futuras. No poner esfuerzo en lograrlo y permitir que mi vida carezca de sentido, sería el mayor engaño y la peor necedad. Debo poner esfuerzo ahora en liberarme para siempre de los sufrimientos de mis incontables vidas futuras.

Mantenemos esta determinación con firmeza y nos concentramos en ella de manera convergente durante tanto tiempo como podamos. Si nos adiestramos de manera continua en esta meditación, generaremos el deseo espontáneo de liberarnos para siempre de los sufrimientos de nuestras incontables vidas futuras. Este deseo es la realización de esta meditación. En el momento en que alcanzamos esta realización entramos en el camino que nos conduce a la liberación. En este contexto, *liberación* se refiere a la paz mental permanente y suprema conocida como *nirvana*, que nos proporciona felicidad pura e imperecedera.

Durante el descanso de la meditación hemos de poner esta determinación en práctica avanzando en nuestro adiestramiento en el camino en sí que nos conduce a la liberación.

MEDITACIÓN SOBRE LA DETERMINACIÓN DE RECONOCER, REDUCIR Y ABANDONAR LA IGNORANCIA DEL AFERRAMIENTO PROPIO, LA RAÍZ DEL RENACIMIENTO EN EL SAMSARA

EL OBJETIVO DE LA MEDITACIÓN

El objetivo de esta meditación es realizar la meta de nuestra mente de renuncia. En el *Sutra de las cuatro nobles verdades*, Buda dice: «Abandona los orígenes». Con estas palabras nos está indicando que si deseamos liberarnos para siempre de los sufrimientos de las incontables vidas futuras, debemos abandonar sus orígenes. Estos son nuestras perturbaciones mentales o engaños, principalmente el engaño del aferramiento propio. Se dice que es un «origen» porque de él surgen todos los problemas y sufrimientos, y también se llama *demonio interno*. Los engaños son percepciones erróneas cuya función es destruir la paz mental, la fuente de toda felicidad, y solo sirven para perjudicarnos. Los engaños, como el aferramiento propio, permanecen en nuestro corazón y nos perjudican constantemente destruyendo nuestra paz interior día y noche, sin interrupción. En el samsara, el ciclo de vidas impuras, ningún ser tiene la oportunidad de experimentar verdadera felicidad porque el demonio interno del aferramiento propio destruye continuamente su paz interior, la fuente de la felicidad.

La mente ignorante del aferramiento propio es el pensamiento que cree de manera equívoca que nuestro yo, nuestro cuerpo y los demás fenómenos que normalmente percibimos existen de verdad. Debido a esta ignorancia generamos apego a lo que nos agrada y odio hacia lo que nos desagrada. En consecuencia, cometemos numerosas acciones perjudiciales, que nos producen diversas clases de sufrimientos y problemas en esta vida y en las futuras.

La mente ignorante del aferramiento propio es un veneno interno más dañino que cualquier veneno externo. Debido a que nuestra mente está contaminada por este veneno interno, lo percibe todo de manera equívoca y, en consecuencia, experimentamos sufrimientos y problemas, que son como alucinaciones. En realidad, nuestro yo, nuestro cuerpo y los demás fenómenos que normalmente percibimos no existen. El aferramiento propio puede compararse con un árbol venenoso; los demás engaños, con las ramas, y los problemas y sufrimientos, con los frutos; es el origen fundamental de los demás engaños y de todos los problemas y sufrimientos. De lo dicho podemos comprender que si abandonamos el aferramiento propio de manera permanente, todos los problemas y sufrimientos tanto de esta vida como de las futuras cesarán para siempre. El gran yogui Saraha dijo: «Si tu mente se libera del aferramiento propio de manera permanente, sin lugar a dudas te habrás liberado para siempre del sufrimiento». Para liberar nuestra mente del aferramiento propio, hemos de comprender que el yo y mío que normalmente percibimos no existen.

EL OBJETO DE LA MEDITACIÓN

El objeto de esta meditación es la resolución de abandonar nuestra mente ignorante del aferramiento propio. Debemos aprender a generar esta resolución mediante la contemplación de la exposición anterior del objetivo de esta meditación. Cuando, gracias a esta contemplación, surja en nuestro corazón la firme determinación de abandonar la mente ignorante del aferramiento propio, habremos encontrado el objeto de la meditación.

LA MEDITACIÓN EN SÍ

Desde lo más profundo del corazón, debemos pensar:

Puesto que deseo liberarme para siempre de los sufrimientos de esta vida y de las incontables vidas futuras, he de poner un gran esfuerzo en reconocer, reducir y finalmente eliminar por completo mi mente ignorante del aferramiento propio.

Mantenemos esta resolución con firmeza y permanecemos concentrados en ella de manera convergente durante tanto tiempo como podamos. Al adiestrarnos de manera continua en esta meditación, generaremos el deseo espontáneo de reconocer, reducir y abandonar nuestra mente ignorante del aferramiento propio, la raíz de todo el sufrimiento. Este deseo es la realización de esta meditación.

Durante el descanso de la meditación hemos de poner esta determinación en práctica.

MEDITACIÓN SOBRE LA DETERMINACIÓN DE PRACTICAR EL CAMINO HACIA LA LIBERACIÓN, LOS TRES ADIESTRAMIENTOS SUPERIORES

EL OBJETIVO DE LA MEDITACIÓN

El objetivo de esta meditación es animarnos a emprender el verdadero camino que nos conduce a la liberación, los tres adiestramientos superiores. En el *Sutra de las cuatro nobles verdades*, Buda dice: «Practica los caminos». En este contexto, *camino* no se refiere a un camino externo que nos lleve de un lugar a otro, sino al sendero interior o realización espiritual que nos conduce a la felicidad pura de la liberación y la iluminación.

La práctica de las etapas del camino hacia la liberación queda resumida en los tres adiestramientos superiores: la disciplina moral superior, la concentración superior y la sabiduría superior. Estos tres adiestramientos se denominan *superiores* porque están motivados por la mente de renuncia. Por lo tanto, son el camino en sí que debemos practicar para alcanzar la liberación.

La naturaleza de la disciplina moral es la determinación virtuosa de abandonar las acciones inapropiadas. Cuando practicamos la disciplina moral, abandonamos las acciones inapropiadas, mantenemos una conducta pura y realizamos cada acción correctamente y con una motivación virtuosa. La disciplina moral es de suma importancia para todos porque, gracias a ella, nos evitamos problemas futuros a nosotros mismos y a los demás. Al practicarla nos convertimos en un ser puro porque gracias a ella nuestras acciones son puras. Hemos de ser limpios y puros como personas; no es suficiente con tener el cuerpo limpio, puesto que no somos nuestro cuerpo. La disciplina moral es como una gran tierra que sustenta y nutre la cosecha de las realizaciones espirituales. Sin practicar la disciplina moral es muy difícil progresar en el adiestramiento espiritual. Adiestrarnos en la disciplina moral superior consiste en aprender a familiarizarnos en profundidad con la práctica de la disciplina moral con la motivación de renuncia.

El segundo adiestramiento superior es el de la concentración superior. En esta práctica, la naturaleza de la concentración es la de una mente virtuosa enfocada de manera convergente. Mientras mantengamos esta mente disfrutaremos de paz mental y en consecuencia seremos felices. Cuando practicamos la concentración, evitamos las distracciones y nos concentramos en objetos virtuosos. Es muy importante adiestrarnos en la concentración porque con distracciones no podremos alcanzar nada. Adiestrarse en la concentración superior consiste en aprender a familiarizarse en profundidad con la habilidad de eliminar las distracciones y concentrar la mente en objetos virtuosos con la motivación de renuncia. Si nuestra concentración es clara y firme, nos resultará fácil progresar en cualquier práctica de Dharma. Normalmente las distracciones son nuestro obstáculo principal en la práctica del Dharma. Con la práctica de la disciplina moral eliminamos las distracciones burdas, y con la concentración, las sutiles; unidas producirán con rapidez los frutos de nuestra práctica de Dharma.

El tercer adiestramiento superior es el de la sabiduría superior. La naturaleza de la sabiduría es la de una mente inteligente y virtuosa cuya función es comprender objetos significativos, como la existencia de vidas pasadas y futuras, el karma y la vacuidad. En este libro se presentan muchas prácticas de meditación diferentes. Los objetos de todas ellas son significativos. Con su comprensión llenamos de significado esta vida y las incontables vidas futuras. Muchas personas son muy inteligentes a la hora de vencer a sus enemigos, cuidar de sus familiares, encontrar lo que desean, etcétera, pero esto no es sabiduría. Hasta los animales tienen esta clase de inteligencia. La inteligencia mundana es engañosa, mientras que la sabiduría nunca nos decepciona. Es nuestro Guía Espiritual interno que nos conduce por los caminos correctos y el ojo divino con el que podemos ver las vidas pasadas y futuras, y la conexión especial que hay entre las acciones que efectuamos en vidas pasadas y las experiencias que tenemos en esta vida, que se conoce como *karma*. El tema del karma es muy extenso y sutil, y solo podemos comprenderlo con sabiduría. El adiestramiento en la sabiduría superior consiste en aprender a generar y aumentar la sabiduría que comprende la vacuidad mediante la contemplación y meditación en ella con la motivación de renuncia. Esta sabiduría es inmensamente profunda. Su objeto, la vacuidad, no es la nada, sino la verdadera naturaleza de todos los fenómenos. En este libro se ofrece una exposición esencial de la vacuidad en la sección «Adiestramiento en la meditación de la vacuidad», y en el libro *Budismo moderno*, en el capítulo «Adiestramiento en la bodhichita última», una más detallada.

En este punto debemos tener claro que las personas, los fenómenos, el samsara, el nirvana, el sufrimiento y la felicidad existen porque realizan una función; sin embargo, las personas, los fenómenos, el samsara, el nirvana, el sufrimiento y la felicidad que normalmente vemos o percibimos no existen porque son apariencias equívocas y objetos falsos que no son objetos verdaderos de conocimiento. De ello podemos comprender que no hay contradicción entre meditar en la renuncia o la compasión y meditar en la ausencia de entidad propia o vacuidad.

Los tres adiestramientos superiores son los verdaderos métodos para alcanzar la liberación permanente del sufrimiento de esta vida y de las incontables vidas futuras. Podemos comprenderlo con la siguiente analogía. Cuando cortamos un árbol con una sierra, esta por sí sola no puede cortarlo si no utilizamos las manos, las cuales a su vez dependen del cuerpo. El adiestramiento en la disciplina moral superior es como nuestro cuerpo; el adiestramiento en la concentración superior, como las manos, y el adiestramiento en la sabiduría superior, como la sierra. Si utilizamos los tres unidos, podremos cortar el árbol venenoso de la ignorancia del aferramiento propio, y de manera natural todas las demás perturbaciones mentales –sus ramas– y los sufrimientos y problemas –sus frutos– cesarán por completo. Entonces habremos alcanzado la cesación permanente del sufrimiento de esta vida y de las futuras –la paz interior suprema y permanente conocida como *nirvana* o liberación–. Habremos solucionado todos nuestros problemas humanos y realizado el verdadero sentido de esta vida.

EL OBJETO DE LA MEDITACIÓN

El objeto de esta meditación es la determinación de practicar los tres adiestramientos superiores. Debemos aprender a generar esta resolución mediante la contemplación de la exposición anterior del objetivo de esta meditación. Cuando, gracias a esta contemplación, surja en nuestro corazón la firme resolución de practicar los tres adiestramientos superiores, habremos encontrado el objeto de la meditación.

LA MEDITACIÓN EN SÍ

Desde lo más profundo del corazón debemos pensar:

Puesto que los tres adiestramientos superiores son el verdadero método para alcanzar la liberación permanente de los sufrimientos de esta vida y de las incontables vidas futuras, he de poner mucho esfuerzo en practicarlos.

Mantenemos con firmeza esta determinación y permanecemos concentrados en ella de manera convergente durante tanto tiempo como podamos. Al adiestrarnos de manera continua en esta meditación, generaremos el deseo espontáneo de practicar los tres adiestramientos superiores. Este deseo es la realización de esta meditación.

Durante el descanso de la meditación hemos de poner esta determinación en práctica.

MEDITACIÓN SOBRE LA DETERMINACIÓN DE ALCANZAR CESACIONES VERDADERAS

EL OBJETIVO DE LA MEDITACIÓN

El objetivo de esta meditación es impedir que nos sintamos satisfechos con una mera cesación temporal de determinados sufrimientos, que es engañosa. En el *Sutra de las cuatro nobles verdades*, Buda dice: «Alcanza las cesaciones». En este contexto, *cesaciones* se refiere a las cesaciones verdaderas, que significa la cesación permanente del sufrimiento y su raíz, la mente ignorante del aferramiento propio. Con estas palabras Buda nos aconseja que no nos contentemos con la liberación temporal de determinados sufrimientos, sino que tengamos la intención de alcanzar la meta última de la vida humana, la paz mental permanente y suprema o nirvana, y la felicidad pura e imperecedera de la iluminación.

Todos los seres sintientes sin excepción tienen que experimentar el ciclo de los sufrimientos de las enfermedades, la vejez, la muerte y el renacimiento, vida tras vida, sin cesar. Debemos seguir el ejemplo de Buda y generar una mente firme de renuncia a este ciclo interminable. Cuando Buda vivía en palacio con su familia, presenció cómo su pueblo padecía estos sufrimientos sin cesar y tomó la firme determinación de alcanzar la iluminación, la gran liberación, y conducir a todos los seres sintientes al mismo estado.

Buda no nos animó a abandonar las actividades diarias con las que obtenemos las condiciones necesarias para vivir o con las que se evitan la pobreza, la degradación del medio ambiente, ciertas enfermedades, etcétera. Sin embargo, por mucho éxito que tengamos en estas actividades, nunca lograremos la cesación permanente de estos problemas. Seguiremos teniéndolos en las vidas futuras, e incluso en esta misma vida, aunque trabajamos duro para evitar estos problemas, la pobreza, la contaminación ambiental y las enfermedades están aumentando por todo el mundo. Además, debido al poder de la tecnología moderna, en la actualidad están apareciendo muchos peligros graves que antes no existían. Por lo tanto, no debemos sentirnos satisfechos con la libertad temporal de determinados sufrimientos, sino hacer un gran esfuerzo por alcanzar la libertad permanente mientras tengamos la oportunidad.

Debemos recordar el gran valor de nuestra vida humana. Debido a sus previas creencias erróneas que negaban la importancia de la práctica espiritual, aquellos que han renacido, por ejemplo, como un animal, no tienen la oportunidad de dedicarse al desarrollo espiritual, que es lo único que realmente da sentido a la vida. Puesto que les es imposible escuchar enseñanzas espirituales, comprenderlas, contemplarlas y meditar en ellas, su presente renacimiento animal es un obstáculo en sí mismo. Como ya se ha mencionado, solo los seres humanos estamos libres de dichos obstáculos y disponemos de todas las condiciones necesarias para recorrer el camino espiritual, que es lo único que nos conduce hacia la paz y la felicidad permanentes. Esta combinación de libertad y de disponer de las condiciones necesarias es lo que hace que nuestra vida humana sea tan valiosa.

EL OBJETO DE LA MEDITACIÓN

El objeto de esta meditación es la determinación de alcanzar la liberación permanente de todos los sufrimientos de esta vida y de las incontables vidas futuras, que se conoce como nirvana. Debemos aprender a generar esta resolución mediante la contemplación de la exposición anterior del objetivo de esta meditación. Cuando, gracias a esta contemplación, surja en nuestro corazón la firme resolución de alcanzar la liberación permanente de todos los sufrimientos de esta vida y de las incontables vidas futuras, la paz interior suprema del nirvana, habremos encontrado el objeto de la meditación.

LA MEDITACIÓN EN SÍ

Desde lo más profundo del corazón debemos pensar:

No debo contentarme con una cesación meramente temporal de determinados sufrimientos, que incluso los animales pueden conseguir. Debo alcanzar la paz interior suprema del nirvana.

Mantenemos esta resolución con firmeza y permanecemos concentrados en ella de manera convergente durante tanto tiempo como podamos. Al adiestrarnos de manera continua en esta meditación, generaremos el deseo espontáneo de alcanzar la liberación permanente, la paz interior suprema del nirvana. Este deseo es la realización de esta meditación.

Durante el descanso de la meditación hemos de esforzarnos en poner esta determinación en práctica.

Del mismo modo que el sol disipa las nubes,
podemos cultivar la sabiduría que elimina
todos los engaños de nuestra mente.

Meditación del ser del nivel superior

Hay seis meditaciones del ser del nivel superior:

1. Meditación en el amor que estima a todos los seres sintientes.
2. Meditación en la compasión universal.
3. Meditación en el buen corazón supremo, la bodhichita.
4. Meditación en la determinación y promesa de practicar con sinceridad las seis perfecciones.
5. Adiestramiento en la meditación de la vacuidad.
6. Meditación sobre cómo confiar en nuestro Guía Espiritual.

MEDITACIÓN EN EL AMOR QUE ESTIMA A TODOS LOS SERES SINTIENTES

EL OBJETIVO DE LA MEDITACIÓN

El objetivo de esta meditación es generar la compasión universal, compasión hacia todos los seres sintientes. Debemos saber que aprender a estimar a los demás es la mejor solución para los problemas cotidianos y la fuente de toda buena fortuna y felicidad futuras. Creemos que el yo que normalmente vemos o percibimos es muy importante y que su felicidad y libertad son primordiales y descuidamos la felicidad y la libertad de los demás. Esta creencia es ignorancia porque el yo que normalmente percibimos no existe en realidad. Si con sabiduría buscamos el yo que normalmente percibimos, desaparecerá. Esto demuestra que no existe en absoluto. Por lo tanto, nuestra manera normal de pensar, que cree que somos muy importantes y los demás no, es la mente ignorante de la estimación propia. Por su culpa hemos desperdiciado sin sentido incontables vidas pasadas. De ellas no hemos traído nada más que sufrimiento e ignorancia. En vidas futuras nos ocurrirá lo mismo. En realidad, la felicidad y libertad de los demás son más importantes que las nuestras porque nosotros solo somos una persona mientras que ellos son innumerables. Debemos creer que la felicidad y la libertad de todos los seres sintientes son más importantes que las nuestras.

EL OBJETO DE LA MEDITACIÓN

El objeto de esta meditación es la creencia de que la felicidad y la libertad de todos los seres sintientes son más importantes que las nuestras. Debemos aprender a generar esta creencia mediante la contemplación de la exposición anterior del objetivo de esta meditación. Cuando, gracias a esta contemplación, surja en nuestro corazón la firme creencia de que la felicidad y la libertad de todos los seres sintientes son más importantes que las propias, habremos encontrado el objeto de la meditación.

LA MEDITACIÓN EN SÍ

Desde lo más profundo del corazón pensamos:

Al igual que los Budas de las diez direcciones cambiaron el objeto que estimaban, de sí mismos a todos los seres sintientes y, como resultado, alcanzaron la felicidad suprema de la iluminación, yo debo hacer lo mismo.

Con este pensamiento generamos la firme creencia de que la felicidad y la libertad de todos los seres sintientes son más importantes que las nuestras. Mantenemos esta creencia con firmeza y permanecemos concentrados en ella de manera convergente durante tanto tiempo como podamos. Al adiestrarnos de manera continua en esta meditación, generaremos la creencia espontánea de que la felicidad y libertad de todos los seres sintientes son más importantes que las nuestras. Esta creencia es la realización de esta meditación.

Durante el descanso de la meditación, nunca debemos permitirnos olvidar nuestra creencia de que la felicidad y libertad de todos los seres sintientes son más importantes que las nuestras.

MEDITACIÓN EN LA COMPASIÓN UNIVERSAL

EL OBJETIVO DE LA MEDITACIÓN

El objetivo de esta meditación es generar la bodhichita, el deseo sincero de convertirnos en un ser iluminado para liberar a todos los seres sintientes. Todos los Budas del pasado nacieron de la madre de la compasión hacia todos los seres sintientes. Hemos de seguir su ejemplo y esforzarnos en generar compasión hacia todos los seres sintientes sin excepción. Cuanto más aumente nuestra compasión hacia ellos, más cerca estaremos del logro de la iluminación. Esto es así porque nuestra compasión hacia todos los seres sintientes purifica nuestra mente y acciones, y cuando de este modo lleguen a ser completamente puras, nos convertiremos en un ser iluminado.

La compasión universal es la mente que desea con sinceridad liberar a todos los seres sintientes para siempre del sufrimiento. Si a partir del amor que estima a todos los seres sintientes reflexionamos sobre el ciclo de sufrimientos físicos y mentales que experimentan vida tras vida sin cesar, su incapacidad para liberarse del sufrimiento, su falta de libertad y cómo al cometer acciones perjudiciales crean las causas de sufrimientos futuros, generaremos una profunda compasión por ellos. Debemos empatizar con ellos y sentir su dolor como si fuera propio.

Nadie desea sufrir, pero, debido a la ignorancia, los seres sintientes crean sufrimiento al cometer acciones perjudiciales. Por lo tanto, debemos sentir la misma compasión por todos los seres sintientes sin excepción; no hay ni un solo ser sintiente que no sea digno de compasión.

Todos los seres experimentan sufrimiento porque tienen renacimientos contaminados. Los seres humanos nos vemos obligados a padecer los terribles sufrimientos propios de nuestra especie por haber obtenido un renacimiento humano que está contaminado por el veneno interno de las perturbaciones mentales. Del mismo modo, los animales han de experimentar el sufrimiento animal, y los espíritus ávidos y los seres de los infiernos, los propios de sus respectivos reinos. Si los seres sintientes tuvieran que padecer estos sufrimientos durante una sola vida, no sería tan trágico, pero el ciclo del sufrimiento continúa sin fin, vida tras vida.

Para generar la mente de renuncia, previamente reflexionamos sobre los insoportables sufrimientos característicos de los animales, los espíritus ávidos, los seres de los infiernos, los humanos, los semidioses y los dioses, que tendremos que padecer en las incontables vidas futuras. Ahora, para generar compasión hacia todos los seres sintientes, que son nuestras madres, contemplamos cómo en sus incontables vidas futuras tendrán que padecer los sufrimientos insoportables de los animales, los espíritus ávidos, los seres de los infiernos, los humanos, los semidioses y los dioses.

EL OBJETO DE LA MEDITACIÓN

El objeto de esta meditación es la determinación de liberar para siempre a todos los seres sintientes del sufrimiento. Debemos aprender a generar esta determinación mediante la contemplación de la exposición anterior del objetivo de esta meditación. Cuando, gracias a esta contemplación, surja en nuestro corazón la firme determinación de liberar para siempre a todos los seres sintientes del sufrimiento, habremos encontrado el objeto de la meditación.

LA MEDITACIÓN EN SÍ

Desde lo más profundo del corazón pensamos:

No puedo soportar el sufrimiento de los innumerables seres, mis madres. Atrapados en el extenso y profundo océano del samsara, el ciclo de renacimientos contaminados, tienen que experimentar dolores físicos y sufrimientos mentales insoportables tanto en esta vida como en las innumerables vidas futuras. He de liberar para siempre a todos los seres sintientes de su sufrimiento.

Mantenemos esta resolución con firmeza y permanecemos concentrados en ella de manera convergente durante tanto tiempo como podamos. Al adiestrarnos de manera continua en esta meditación, generaremos el deseo espontáneo de liberar para siempre a todos los seres sintientes de su sufrimiento. Este deseo es la realización de esta meditación.

Durante el descanso de la meditación, nunca debemos permitirnos olvidar nuestra resolución de liberar para siempre a todos los seres sintientes del sufrimiento.

MEDITACIÓN EN EL BUEN CORAZÓN SUPREMO, LA BODHICHITA

EL OBJETIVO DE LA MEDITACIÓN

El objetivo de esta meditación es recorrer el camino del Bodhisatva, el verdadero sendero que nos conduce hacia la iluminación. La bodhichita es un vehículo interno que tiene seis ruedas, las seis perfecciones. *Bodhi* significa 'iluminación', y *chita*, 'mente'. La bodhichita es la mente que desea de manera espontánea alcanzar la iluminación para beneficiar a todos los seres sintientes cada día. En el momento en que generamos la bodhichita nos convertimos en un Bodhisatva –aquel que desea de manera espontánea alcanzar la iluminación para beneficiar a todos los seres sintientes–. Primero nos convertimos en un Bodhisatva en el camino de la acumulación. Luego, si seguimos el camino hacia la iluminación con el vehículo de la bodhichita, podemos pasar de ser un Bodhisatva en el camino de la acumulación a ser un Bodhisatva en el camino de la preparación, luego un Bodhisatva en el camino de la visión y después un Bodhisatva en el camino de la meditación. De ahí llegaremos al camino de No Más Aprendizaje, que es el estado en sí de la iluminación. Como se ha mencionado con anterioridad, la iluminación es la luz interior de la sabiduría que se ha liberado para siempre de todas las apariencias equívocas y cuya función es proporcionar paz mental a todos los seres sintientes cada día. Cuando alcancemos la iluminación de un Buda podremos beneficiar de manera directa a todos los seres sintientes concediéndoles bendiciones y mediante nuestras innumerables emanaciones.

En las enseñanzas de sutra, Buda dice:

«En esta vida impura del samsara
nadie disfruta de verdadera felicidad;
las acciones que realizan
serán siempre causas de sufrimiento».

Como ya se ha mencionado en la primera parte de este libro, la felicidad que normalmente experimentamos al disfrutar de condiciones favorables, como una buena reputación, una posición social elevada, un trabajo gratificante, buenas relaciones, ver formas atractivas, escuchar buenas noticias o música melodiosa, comer, beber y tener actividades sexuales, no es verdadera felicidad, sino sufrimiento del cambio –una disminución de nuestro sufrimiento anterior–. Sin embargo, debido a la ignorancia, creemos que solo estas condiciones nos proporcionan felicidad, y por ello nunca generamos el deseo de alcanzar felicidad verdadera, el gozo puro e imperecedero de la liberación y la iluminación, ni siquiera por nuestro propio beneficio. Siempre buscamos la felicidad en esta vida impura del samsara, como el ladrón que buscaba oro en la cueva vacía de Milarepa y no encontró nada. Una noche, el gran yogui Milarepa oyó a un ladrón que buscaba algo por su cueva y le dijo: «¿Cómo esperas encontrar algo de valor en esta cueva de noche cuando yo no encuentro nada valioso durante el día?».

Cuando, por medio del adiestramiento, generemos la preciosa mente de la iluminación, la bodhichita, de manera espontánea pensaremos:

> *¡Qué maravilloso sería si yo y todos los seres sintientes alcanzáramos la verdadera felicidad, el gozo puro e imperecedero de la iluminación! Que todos la alcancemos. Voy a trabajar para lograrlo.*

Hemos de tener esta preciosa mente de bodhichita en nuestro corazón. Es nuestro Guía Espiritual interno, que nos conduce de manera directa al estado de la felicidad suprema de la iluminación, y la verdadera gema que colma todos los deseos, con la que podemos cumplir nuestras aspiraciones y las de los demás. No hay intención más beneficiosa que esta preciosa mente.

EL OBJETO DE LA MEDITACIÓN

El objeto de esta meditación es la determinación de alcanzar la iluminación para beneficiar a todos y cada uno de los seres sintientes cada día. Debemos aprender a generar esta determinación mediante la contemplación de la exposición anterior del objetivo de esta meditación. Cuando, gracias a esta contemplación, surja en nuestro corazón la firme determinación de alcanzar la iluminación para beneficiar a todos y cada uno de los seres sintientes cada día, habremos encontrado el objeto de la meditación.

LA MEDITACIÓN EN SÍ

Desde lo más profundo del corazón debemos pensar:

Yo solo soy una persona, en cambio los demás seres sintientes son innumerables y todos son mis bondadosas madres. Estos innumerables seres, mis madres, tienen que experimentar dolores físicos y sufrimientos mentales insoportables en esta vida y en las incontables vidas futuras. En comparación con su sufrimiento, el mío es insignificante. He de liberar a todos los seres sintientes de su sufrimiento para siempre, y para ello he de alcanzar la iluminación de un Buda.

Mantenemos esta resolución con firmeza y permanecemos concentrados en ella de manera convergente durante tanto tiempo como podamos. Al adiestrarnos de manera continua en esta meditación, generaremos el deseo espontáneo de alcanzar la iluminación para beneficiar a todos y cada uno de los seres sintientes cada día. Este deseo es la realización de esta meditación, y es la verdadera bodhichita.

Durante el descanso de la meditación, para colmar nuestro deseo de bodhichita, nos adiestramos en las seis perfecciones, el camino en sí a la iluminación, y hemos de hacer hincapié en la acumulación de méritos y de sabiduría.

MEDITACIÓN EN LA DETERMINACIÓN Y PROMESA DE PRACTICAR CON SINCERIDAD LAS SEIS PERFECCIONES

EL OBJETIVO DE LA MEDITACIÓN

El objetivo de esta meditación es alcanzar directamente el estado de la iluminación. Las seis perfecciones constituyen el camino en sí que nos conduce a la iluminación, y también son el camino de la bodhichita y el del Bodhisatva. Si recorremos este camino con el vehículo de la bodhichita, sin lugar a dudas alcanzaremos el estado de la iluminación. El deseo de la bodhichita es alcanzar la iluminación para beneficiar de manera directa a todos los seres sintientes. Para que este deseo se cumpla, prometemos ante nuestro Guía Espiritual o una imagen de Buda, que consideramos como un Buda viviente, practicar el camino o adiestramiento del Bodhisatva mientras recitamos la siguiente oración tres veces. Esta promesa es el voto del Bodhisatva.

¡Oh, Guru Buda!, por favor, escúchame.
Al igual que los Sugatas del pasado, los Budas,
generaron la mente de la iluminación, la bodhichita,
y realizaron todas las etapas
del adiestramiento del Bodhisatva,
del mismo modo, por el beneficio de todos los seres,
voy a generar la mente de la iluminación
y a realizar todas las etapas
del adiestramiento del Bodhisatva.

Cuando tomamos el voto del Bodhisatva nos comprometemos a recorrer el camino a la iluminación, el adiestramiento del Bodhisatva, que es la práctica de las seis perfecciones. Por lo general, cuando aceptamos un empleo, nos comprometemos a cumplir los deseos de nuestro jefe o, de lo contrario pronto lo perderemos. Del mismo modo, después de haber generado la bodhichita, la determinación de alcanzar la iluminación para beneficiar de manera directa a todos los seres sintientes, hemos de comprometernos a realizar la práctica de las seis perfecciones. Si no contraemos este compromiso tomando el voto del Bodhisatva, perderemos la oportunidad de alcanzar la iluminación. Con esta contemplación debemos animarnos a tomar el voto del Bodhisatva y practicar con sinceridad las seis perfecciones.

Las seis perfecciones son las prácticas de la generosidad, la disciplina moral, la paciencia, el esfuerzo, la concentración y la sabiduría motivadas por la bodhichita. Debemos considerar las seis perfecciones como nuestra práctica diaria.

Con respecto a la práctica de la generosidad debemos adiestrarnos en: 1) dar ayuda material a los pobres, incluido dar comida a los animales; 2) ayudar de forma práctica a aquellos que están enfermos o físicamente débiles; 3) dar protección intentando siempre salvar las vidas de los demás, incluidos los insectos; 4) dar amor –aprender a estimar a todos los seres sintientes reconociendo en todo momento que su felicidad y libertad son importantes–, y 5) dar Dharma –ayudar a los demás a solucionar sus problemas de odio, apego e ignorancia dándoles enseñanzas o consejos significativos–.

Con respecto a la práctica de la disciplina moral debemos abandonar todas las acciones inapropiadas, incluidas las que causan sufrimiento a los demás. En especial hemos de procurar no romper los compromisos del voto del Bodhisatva, que es la base para avanzar por el camino del Bodhisatva. De este modo nuestras acciones físicas, verbales y mentales serán puras, y nos convertiremos en un ser puro.

Con respecto a la práctica de la paciencia debemos evitar en todo momento enfadarnos o desanimarnos aceptando de manera temporal las dificultades o el daño que otros nos inflijan. Cuando practicamos la paciencia llevamos la armadura interna suprema que nos protege de manera directa de los dolores físicos, del sufrimiento mental y demás problemas. El odio destruye nuestros méritos o buena fortuna y debido a ello experimentaremos obstáculos de manera continua; y al carecer de buena fortuna nos resultará difícil satisfacer nuestros deseos, en particular lograr las metas espirituales. No hay peor maldad que el odio. Con la práctica de la paciencia podemos alcanzar cualquier meta espiritual; no hay mejor virtud que la paciencia.

Con respecto a la práctica del esfuerzo debemos aplicar el esfuerzo irreversible para reunir las vastas acumulaciones de méritos y sabiduría, que son las causas principales para alcanzar el Cuerpo de la Forma o *Rupakaya*, y el Cuerpo de la Verdad o *Dharmakaya*, de un Buda; y, en particular, debemos hacer hincapié en la contemplación y meditación de la vacuidad, el modo en que las cosas realmente existen. De este modo progresaremos con facilidad en el camino hacia la iluminación. Con esfuerzo podemos alcanzar nuestra meta, pero con pereza no lograremos nada.

Con respecto a la práctica de la concentración, en esta etapa debemos hacer hincapié en alcanzar la concentración de la permanencia apacible que observa la vacuidad. Véase una exposición sobre ello en el apartado «Un adiestramiento sencillo en la bodhichita última» del libro *Budismo moderno*. Cuando, gracias al poder de esta concentración, experimentemos la sabiduría especial denominada *visión superior*, que comprende con gran claridad la vacuidad de todos los fenómenos, habremos avanzado del camino de la acumulación del Bodhisatva al camino de la preparación.

Con respecto a la práctica de la sabiduría, en esta etapa debemos hacer hincapié en aumentar el poder de nuestra sabiduría de la visión superior meditando de manera continua en la vacuidad de todos los fenómenos con la motivación de bodhichita. Cuando, gracias a ello, nuestra visión superior se transforme en el camino de la visión, que es la realización directa de la vacuidad de todos los fenómenos, habremos avanzado del camino de la preparación del Bodhisatva al camino de la visión. Desde el momento en que alcanzamos el camino de la visión somos un Bodhisatva Superior y dejamos de padecer los sufrimientos del samsara. Aunque alguien nos cortara el cuerpo en pedazos con un cuchillo no sentiríamos dolor porque poseemos la realización directa del modo en que las cosas realmente existen.

Después de completar el camino de la visión, para avanzar más debemos seguir practicando de manera continua la meditación en la vacuidad de todos los fenómenos con la motivación de bodhichita. Esta meditación se denomina *camino de la meditación*. Cuando alcancemos esta etapa habremos avanzado del camino de la visión del Bodhisatva al camino de la meditación.

Después de haber completado el camino de la meditación, cuando nuestra sabiduría en este camino se transforme en la sabiduría omnisciente que se ha liberado de manera permanente de todas las apariencias equívocas, esta sabiduría omnisciente se denomina *camino de No Más Aprendizaje*, que es la iluminación propiamente dicha. Al llegar a esta etapa habremos avanzado del camino de la meditación del Bodhisatva al estado iluminado de un Buda y alcanzado la meta última de los seres sintientes.

El adiestramiento inicial del Bodhisatva para acumular méritos o sabiduría es el camino de la acumulación del Bodhisatva; su adiestramiento para acumular méritos y sabiduría que sirve de preparación para alcanzar el camino de la visión es el camino de la preparación del Bodhisatva; su adiestramiento que es la realización directa inicial de la vacuidad constituye el camino de la visión del Bodhisatva; después de haberlo completado, su adiestramiento continuo en la meditación de la vacuidad es el camino de la meditación del Bodhisatva, y la sabiduría omnisciente de Buda que se alcanza al completar todos los adiestramientos de sutra y de tantra es el camino de No Más Aprendizaje, el estado de la iluminación.

EL OBJETO DE LA MEDITACIÓN

El objeto de esta meditación es la determinación y la promesa de practicar con sinceridad las seis perfecciones. Debemos aprender a generar esta determinación y promesa mediante la contemplación de la exposición anterior del objetivo de esta meditación. Cuando, gracias a esta contemplación, surja en nuestro corazón la firme determinación y la promesa de practicar con sinceridad las seis perfecciones, habremos encontrado el objeto de la meditación.

LA MEDITACIÓN EN SÍ

Desde lo más profundo del corazón pensamos:

Al igual que los Budas del pasado generaron la preciosa mente de bodhichita y realizaron todas las etapas del camino del Bodhisatva, del mismo modo, por el beneficio de todos los seres, voy a generar la preciosa mente de bodhichita y a realizar todas las etapas del camino del Bodhisatva, la práctica de las seis perfecciones.

Mantenemos esta resolución con firmeza y permanecemos concentrados en ella de manera convergente durante tanto tiempo como podamos. Al adiestrarnos de manera continua en esta meditación, generaremos el deseo espontáneo de completar el adiestramiento en las seis perfecciones, el camino del Bodhisatva. Este deseo es la realización de esta meditación.

Durante el descanso de la meditación, debemos aplicar el esfuerzo irreversible para adiestrarnos en las seis perfecciones y reunir las acumulaciones de méritos y sabiduría. De este modo progresaremos en cada momento hacia el logro de la iluminación.

ADIESTRAMIENTO EN LA MEDITACIÓN DE LA VACUIDAD

EL OBJETIVO DE LA MEDITACIÓN

El objetivo de esta meditación es liberar la mente de forma permanente de las apariencias equívocas, que son la obstrucción principal para alcanzar la iluminación. Sin embargo, sin una comprensión correcta de la vacuidad, esta meditación carece de fundamento. Por lo tanto, hemos de esforzarnos en entender el significado de la vacuidad. A continuación se presenta una exposición sencilla.

Por ejemplo, normalmente veo mi cuerpo en sus partes –las manos, la espalda, etcétera–, pero ninguna de las partes individuales ni el conjunto de todas ellas son mi cuerpo porque son partes del cuerpo y no el cuerpo en sí. Sin embargo, no hay ningún cuerpo separado de sus partes. Al buscar mi cuerpo con sabiduría de este modo, comprendo que es imposible encontrarlo. Esta es una razón válida para demostrar que mi cuerpo que normalmente percibo no existe en absoluto.

Además, por lo general, percibo el yo en mi cuerpo y mi mente, pero ninguno de los dos ni el conjunto de ambos son el yo porque son mis posesiones y yo soy el poseedor; y el poseedor y lo poseído no pueden ser lo mismo. Sin embargo, no hay un yo separado de mi cuerpo y mente. Al buscar el yo con sabiduría de este modo, comprendo que es imposible encontrarlo. Esta es una razón válida para demostrar que el yo que normalmente veo no existe en absoluto.

Debemos aplicar este mismo razonamiento a todos los demás fenómenos para comprender que los objetos que normalmente vemos o percibimos no existen. En conclusión, comprenderemos que el verdadero significado de la vacuidad es la mera ausencia de todos los fenómenos que normalmente vemos o percibimos.

EL OBJETO DE LA MEDITACIÓN

El objeto de esta meditación es la vacuidad de todos los fenómenos, la mera ausencia de todos los fenómenos que normalmente vemos o percibimos. Debemos aprender a percibir con claridad esta mera ausencia mediante la contemplación de la exposición anterior del objetivo de esta meditación. Cuando, gracias a esta contemplación, generemos en nuestra mente un profundo conocimiento de la mera ausencia de todos los fenómenos que normalmente vemos o percibimos, habremos encontrado el objeto de la meditación.

LA MEDITACIÓN EN SÍ

Cuando hayamos generado en nuestra mente el conocimiento profundo de la mera ausencia de todos los fenómenos que normalmente vemos o percibimos, lo mantenemos y sin olvidarlo permanecemos en él de manera convergente. Al adiestrarnos de manera continua en esta meditación, generaremos un conocimiento más profundo cuya función es reducir o eliminar nuestro aferramiento propio. Este conocimiento es la realización de esta meditación.

Durante el descanso de la meditación, hemos de aprender a reconocer que las cosas que normalmente vemos son como ilusiones, lo que significa que aunque las vemos, no existen.

MEDITACIÓN SOBRE CÓMO CONFIAR EN NUESTRO GUÍA ESPIRITUAL

EL OBJETIVO DE LA MEDITACIÓN

El objetivo de esta meditación es recibir las poderosas bendiciones de todos los Budas. Hemos de confiar con sinceridad y pureza en nuestro Guía Espiritual; la razón es muy simple. El objetivo final de la vida humana es alcanzar la iluminación, lo cual depende de recibir continuamente las bendiciones especiales de todos los Budas a través de nuestro Guía Espiritual.

Todos los Budas alcanzaron la iluminación con la única intención de conducir a todos los seres sintientes por las etapas del camino hacia la iluminación a través de sus emanaciones. ¿Quién es la emanación que nos guía por las etapas del camino hacia la iluminación? Está claro que es nuestro presente maestro espiritual, que nos conduce con sinceridad y de manera correcta por los caminos de la renuncia, la bodhichita y la visión correcta de la vacuidad impartiendo estas enseñanzas y mostrando un ejemplo práctico para que los demás lo puedan seguir. Al comprender esto, debemos creer con firmeza que nuestro Guía Espiritual es una emanación de Buda, y generar y mantener una profunda fe en él o ella.

EL OBJETO DE LA MEDITACIÓN

El objeto de esta meditación es fe profunda en nuestro Guía Espiritual. Debemos aprender a generar esta fe por medio de la contemplación de la exposición anterior del objetivo de esta meditación. Cuando, gracias a esta contemplación, generemos en nuestro corazón una fe profunda en nuestro Guía Espiritual, habremos encontrado el objeto de la meditación.

LA MEDITACIÓN EN SÍ

Desde lo más profundo del corazón pensamos:

Está claro que si confío con sinceridad y pureza en mi Guía Espiritual, recibiré a través de él o ella las poderosas bendiciones de todos los Budas, de manera que podré progresar con facilidad en mi práctica, tanto del sutra como del tantra, y completarla. Gracias a ello, podré colmar mis propios deseos y los de los demás.

De este modo generamos una fe profunda en nuestro Guía Espiritual y nos concentramos en ella de manera convergente durante tanto tiempo como podamos. Si nos adiestramos de manera continua en esta meditación, generaremos la fe admirativa, la fe creyente y la fe desiderativa espontáneas, que son la realización de esta meditación.

Durante el descanso de la meditación, hemos de poner mucho esfuerzo en practicar con sinceridad las enseñanzas de nuestro Guía Espiritual sobre la renuncia, la bodhichita, la visión correcta de la vacuidad y las etapas de generación y de consumación del tantra.

En resumen, si con sinceridad y de manera continua practicamos la unión de las etapas del camino del sutra y del tantra, avanzaremos con rapidez desde un estado inferior a estados cada vez más elevados hasta alcanzar el de un ser iluminado, un Buda. Esto significa que habremos despertado del sueño de la ignorancia de manera permanente, tendremos la capacidad de ver todo lo del pasado, el futuro y el presente de forma directa y simultánea, y nos convertiremos en la fuente de felicidad de todos los seres sintientes. ¡Qué maravilla!

Doryhechang Kelsang Gyatso Rimpoché

Dedicación

Que gracias a las virtudes que he acumulado al preparar este libro, se respete el Budadharma, la única medicina para todo el sufrimiento y la fuente de toda felicidad, y reciba la ayuda material necesaria, y que prevalezca por mucho tiempo. Que reine siempre la paz en el mundo y que todos los seres sintientes logren tener una vida significativa.

Apéndice 1

Texto raíz:

Los tres aspectos principales del camino hacia la iluminación

del Buda de la Sabiduría
Yhe Tsongkhapa

Texto raíz:
Los tres aspectos principales del camino hacia la iluminación

Homenaje al venerable Guía Espiritual.

Voy a explicar lo mejor que pueda
el significado esencial de las enseñanzas de todos los Budas [la renuncia],
el camino principal de los Bodhisatvas, que tienen compasión por todos los seres sintientes [la bodhichita]
y el camino último de los seres afortunados que buscan la liberación [la visión correcta de la vacuidad].

No debes apegarte a los disfrutes mundanos,
sino esforzarte por extraer el verdadero sentido de la vida humana
por medio de la escucha y la práctica de las instrucciones que aquí se exponen,
que todos los Budas del pasado practicaron con deleite.

El apego a satisfacer tus propios deseos, el deseo incontrolado,
es la causa principal de todos tus problemas y sufrimiento,
y no hay ningún método para abandonarlo si no se genera primero la renuncia.
Así pues, debes aplicarte con gran esfuerzo para generar y mantener una renuncia pura.

Cuando, por medio del adiestramiento diario, generes
de manera espontánea los pensamientos:
«Es posible que me muera hoy» y «una preciosa vida
humana es muy difícil de encontrar»,
y medites sobre la verdad del karma y los sufrimientos
del ciclo de vidas impuras, el samsara,
tu apego a los disfrutes mundanos cesará.

De este modo, cuando el deseo incontrolado por los
disfrutes mundanos,
no surja ni siquiera por un instante,
sino que día y noche aflore el intenso anhelo que aspira
a la liberación, el nirvana,
en ese momento habrás generado la renuncia pura.

No obstante, si esta renuncia no se mantiene
con la mente compasiva de bodhichita,
no será causa de la felicidad insuperable, la iluminación;
por lo tanto, debes aplicarte con esfuerzo en generar
la preciosa mente de bodhichita.

Arrastrados por la corriente de los cuatro ríos poderosos
[el nacimiento, la vejez, las enfermedades y la muerte],
atados con fuerza por las cadenas del karma, tan difíciles
de romper,
atrapados en la férrea malla del aferramiento propio,
velados totalmente por la negra oscuridad de la ignorancia,

sometidos a un renacimiento tras otro en el samsara
sin límites
y atormentados sin cesar por los tres sufrimientos
[las sensaciones dolorosas, el sufrimiento del cambio
y el sufrimiento subyacente]:
al contemplar la situación de tus madres, todos los seres
sintientes, en circunstancias como estas,
genera la mente suprema de la bodhichita.

Pero, aunque te hayas familiarizado con la renuncia
y la bodhichita,
si no posees la sabiduría que comprende el modo en
que realmente existen los fenómenos,
no serás capaz de cortar la raíz del samsara;
por lo tanto, esfuérzate en aplicar los métodos para
comprender la relación dependiente.

Cuando veas con claridad los fenómenos, como el samsara
y el nirvana, y la causa y el efecto, tal y como existen,
y al mismo tiempo comprendas que los fenómenos que
normalmente ves o percibes no existen,
habrás entrado en el camino de la visión correcta de
la vacuidad,
y así deleitarás a todos los Budas.

Si percibes y crees que la apariencia –los fenómenos–
y el vacío –la vacuidad de los fenómenos–,
son duales,
aún no has comprendido la intención de Buda.

Con solo ver que los fenómenos existen
en dependencia de su mero nombre,
si tu aferramiento propio se reduce o cesa,
en ese momento, habrás completado tu comprensión
de la vacuidad.

Además, si niegas el extremo de la existencia
con solo comprender que los fenómenos son solo
mera apariencia,
y si niegas el extremo de la inexistencia
con solo comprender que los fenómenos que normalmente
ves o percibes no existen,

y si comprendes cómo, por ejemplo, la vacuidad de causa
y efecto,
se percibe como causa y efecto,
puesto que no hay causa ni efecto otros que la vacuidad,
con estas realizaciones las creencias extremas no te
perjudicarán.

Cuando, de este modo, hayas comprendido correctamente
los significados esenciales
de los tres aspectos principales del camino,
querido mío, recógete en retiro solitario, genera y mantén
un gran esfuerzo
y alcanza con rapidez la meta final.

Apéndice 2

Oración liberadora

ALABANZA A BUDA SHAKYAMUNI

¡Oh, Ser Bienaventurado, Shakyamuni Buda!,
precioso tesoro de compasión,
que concedes la paz interior suprema.

Tú, que amas a todos los seres sin excepción,
eres la fuente de toda felicidad y bondad,
y nos guías por el camino liberador.

Tu cuerpo es una gema que colma todos los deseos;
tu palabra, el néctar purificador supremo,
y tu mente, el refugio de todos los seres sintientes.

Con las manos juntas en señal de respeto, a ti me dirijo,
amigo supremo y fiel,
y te suplico desde lo más profundo de mi corazón:

Por favor, concédeme la luz de tu sabiduría
para disipar la oscuridad de mi mente
y sanar mi continuo mental.

Aliméntame con tu bondad
para que pueda ofrecer a los demás
un banquete de continuos deleites.

Gracias a tu compasiva intención,
tus bendiciones y obras virtuosas,
y mi sincero deseo de confiar en ti,

que todo el sufrimiento desaparezca de inmediato,
que disfrutemos de alegría y felicidad,
y el Dharma sagrado florezca sin cesar.

Colofón: Esta oración ha sido compuesta por el venerable Gueshe Kelsang Gyatso Rimpoché y traducida bajo su compasiva guía. Se recita antes de comenzar cualquier enseñanza, meditación u oración en los centros de budismo kadampa de todo el mundo.

Apéndice 3

Sadhana de Avalokiteshvara

ORACIONES Y SÚPLICAS
AL BUDA DE LA COMPASIÓN

Avalokiteshvara

Introducción

Avalokiteshvara, o Chenrezsig en tibetano, es un ser iluminado, manifestación de la compasión de todos los Budas, y se lo conoce como el Buda de la Compasión. Por lo general se manifiesta con un cuerpo de color blanco y cuatro brazos. Tiene las dos primeras manos juntas a la altura del corazón en muestra de respeto hacia su Guía espiritual, Buda Amitabha, que está en su coronilla. Aunque Avalokiteshvara es un ser iluminado sigue mostrando respeto hacia su Guía Espiritual. Con las dos primeras manos sostiene una joya que simboliza su propia iluminación. Con este mudra nos está diciendo: «He alcanzado la joya de la gran iluminación gracias a las bendiciones de mi Guía Espiritual, Amitabha».

Con la segunda mano izquierda sostiene una flor de loto blanca. El loto nace del lodo del fondo de los lagos, pero sus flores se abren en la superficie del agua sin mácula alguna. Avalokiteshvara sostiene una flor de loto blanca para mostrar que, puesto que ha alcanzado la iluminación, se ha liberado de todos los obstáculos, y su cuerpo, palabra y mente son completamente puros. Con la segunda mano derecha sostiene un mala de cristal indicando que puede liberar a todos los seres sintientes del samsara y conducirlos hacia la liberación.

Si confiamos en Buda Avalokiteshvara con sinceridad y recitamos su mantra con fe firme, a nivel temporal aumentaremos nuestras realizaciones de las etapas del camino, en particular la mente de gran compasión, y a nivel último alcanzaremos el estado supremo de la Budeidad en la tierra pura de Avalokiteshvara, la Tierra Pura del Gozo.

Esta sadhana es muy especial por el poder de sus bendiciones. El texto principal de la sadhana lo compuso el gran yogui tibetano Drubchen Tangton Gyalpo, del monasterio de Ngam Ring en el oeste del Tíbet. La oración de las siete ramas, el ofrecimiento del mandala, las súplicas de los cinco grandes objetivos y la dedicación final han sido añadidas a partir de fuentes tradicionales.

Gueshe Kelsang Gyatso,
1978.

Sadhana de Avalokiteshvara

Oración de refugio

Yo y todos los seres sintientes nos refugiamos en Buda,
el Dharma y la Sangha
hasta que alcancemos la iluminación. (x3)

Generación de bodhichita

Que por los méritos que acumule con la práctica de la
generosidad y otras perfecciones,
alcance el estado de Buda para poder beneficiar a todos
los seres sintientes. (x3)

Visualización de Arya Avalokiteshvara

Sobre mi coronilla y la de todos los seres sintientes,
infinitos como el espacio,
hay un loto blanco y un disco lunar sobre los que reposa
la sílaba HRIH,
que se transforma en Arya Avalokiteshvara.
Su cuerpo blanco translúcido emana luces de cinco colores.
Su rostro muestra una expresión sonriente y nos contempla
con una mirada compasiva.
Tiene cuatro brazos, sus dos primeras manos están unidas
a la altura del corazón,
y con las otras dos sostiene un rosario de cristal y un loto
blanco, respectivamente.

Está adornado con sedas y joyas preciosas,
y una piel de antílope cruza su pecho izquierdo y espalda.
Buda Amitabha adorna su coronilla.
Está sentado con las piernas cruzadas en la postura vajra
y una luna límpida le provee soporte por detrás.
Es la unificación de todos los objetos de refugio.

Oración de las siete ramas

Respetuosamente me postro con cuerpo, palabra y mente,
os presento ofrendas materiales e imaginadas,
confieso mis malas acciones del pasado,
y me regocijo de las virtudes de los Seres Superiores
y ordinarios.
Por favor, permaneced junto a nosotros hasta el fin
del samsara,
y girad la rueda del Dharma a los seres migratorios.
Dedico todas las virtudes para la gran iluminación.

Ofrecimiento del mandala

Os ofrezco esta base con flores y ungida de incienso,
con el Monte Meru, los cuatro continentes, el sol y la luna,
percibida como una tierra pura de Buda.
Que todos los seres puedan disfrutar de una tierra pura.

Reconociendo que todos los desdichados seres han sido
mi madre,
y que repetidas veces han cuidado de mí con ternura
y cariño,
suplico vuestras bendiciones para que nazca en mí
una compasión espontánea,
como la que siente una madre por su hijo querido.

IDAM GURU RATNA MANDALAKAM NIRIATAYAMI

Alabanza a Arya Avalokiteshvara

Tu cuerpo de inmaculada blancura está libre de faltas
y tu coronilla está graciosamente adornada con un Buda
plenamente iluminado;
con tu mirada compasiva contemplas a los seres
migratorios,
ante ti, Avalokiteshvara, me postro.

Súplica de los cinco grandes objetivos

A ti, Arya Avalokiteshvara, tesoro de compasión,
y a tu séquito, os ruego que me escuchéis.

Os suplico que nos rescatéis cuanto antes a mí y a todos
mis padres y madres
–las seis clases de seres sintientes– del océano del samsara.

Haced que generemos pronto en nuestro continuo mental
el extenso y profundo Dharma de la insuperable bodhichita.

Os ruego que con vuestro néctar compasivo nos purifiquéis
sin dilación
del karma y los engaños que hemos acumulado desde
tiempo sin principio.

Y con vuestras manos compasivas, por favor, guiadnos
con rapidez
a mí y a todos los seres migratorios a la Tierra Pura del
Gozo.

¡Oh, Amitabha y Avalokiteshvara!,
os ruego que en las vidas futuras seáis nuestros Guías
Espirituales,
y que mostrándonos con perfección el sendero correcto
nos conduzcáis con rapidez al estado de la Budeidad.

Oración de súplica

¡Oh, Guru Avalokiteshvara, Buda de la Compasión!,
por favor, bendice con rapidez mi continuo mental,
para que pueda completar pronto
el adiestramiento en la purificación y transformación
de las seis clases de seres sintientes.

Recitación del mantra

Como resultado de nuestras fervorosas súplicas,
Arya Avalokiteshvara irradia de su cuerpo rayos de luz
que purifican todas las apariencias kármicas impuras
y las percepciones erróneas.
El medio ambiente se transforma en la Tierra Pura
del Gozo,
y el cuerpo, palabra y mente de todos sus habitantes
se transforman en el cuerpo, palabra y mente de
Avalokiteshvara.
Todo lo que conocemos por medio de la vista, el oído
y el pensamiento deviene inseparable de la vacuidad.

OM MANI PEME HUM

El significado de este mantra es el siguiente. Al decir OM *llamamos a Avalokiteshvara;* MANI *significa 'la preciosa joya de la iluminación';* PEME *significa 'liberación', y* HUM, *'por favor, concede'. El significado del mantra completo es: «¡Oh, Avalokiteshvara!, concédeme, por favor, la preciosa joya de la iluminación para liberar a todos los seres sintientes». Por medio de la recitación de este mantra nos adiestramos en la mente compasiva de bodhichita.*

Mi forma física y la de los demás son manifestaciones
del cuerpo de Arya Avalokiteshvara,
todos los sonidos son manifestaciones del mantra de seis
sílabas,
y todas las actividades mentales surgen de la excelsa y gran
sabiduría.

Dedicación

Que gracias a las virtudes que he acumulado
al adiestrarme en la compasión y la sabiduría
se purifiquen todas las impurezas de las seis clases de seres
sintientes
y que así todos se transformen en seres iluminados.

Oraciones de la tradición virtuosa

Para que la tradición de Yhe Tsongkhapa,
el Rey del Dharma, pueda florecer,
que todos los obstáculos sean pacificados
y que abunden las condiciones favorables.

Que gracias a las dos acumulaciones, mías y de otros,
reunidas durante los tres tiempos,
pueda la doctrina del Vencedor Losang Dragpa
brillar para siempre.

Oración de nueve versos de *Migtsema*

Tsongkhapa, corona de los eruditos de la Tierra
de las Nieves,
eres Buda Shakyamuni y Vajradhara, fuente de todas
las realizaciones,
Avalokiteshvara, tesoro de compasión inconcebible,
Manyhushri, suprema sabiduría inmaculada,
y Vajrapani, destructor de la multitud de maras.
¡Oh venerable Guru Buda!, síntesis de las Tres Joyas,
con respeto, con mi cuerpo, palabra y mente, te suplico;
bendícenos a mí y a los demás seres para que nos liberemos
y realicemos,
y concédenos las realizaciones comunes y supremas. (x3)

Colofón: Esta sadhana o ritual de oraciones para alcanzar realizaciones espirituales ha sido recopilada a partir de fuentes tradicionales por el venerable Gueshe Kelsang Gyatso Rimpoché en 1978 y revisada en el 2017.

Apéndice 4

Oraciones para meditar

BREVES ORACIONES PREPARATORIAS PARA LA MEDITACIÓN

Buda Shakyamuni

Introducción

Todos tenemos el potencial de alcanzar las realizaciones de las etapas del camino hacia la iluminación. Podemos considerar este potencial como semillas en el campo de nuestra mente que debemos cultivar con la práctica de la meditación. Sin embargo, para tener éxito en la práctica de la meditación son indispensables ciertos preparativos.

Antes de cultivar un campo es importante prepararlo bien. Primero tenemos que limpiarlo de todo lo que pueda impedir el crecimiento de las plantas, como piedras y malas hierbas. En segundo lugar, debemos enriquecerlo con abono u otros fertilizantes. Además, se necesita una temperatura y humedad adecuadas para que germinen las semillas y crezcan las plantas. De igual manera, el cultivo de las realizaciones espirituales requiere cuidadosas preparaciones.

Primero hemos de purificar la mente del karma negativo que acumulamos en el pasado o, de lo contrario, obstaculizará el crecimiento de las realizaciones de Dharma. Después, tenemos que conferir a la mente la energía necesaria para sustentar el crecimiento de las realizaciones de Dharma por medio de la acumulación de méritos. Finalmente, hemos de estimular y mantener este desarrollo espiritual con las bendiciones de los seres sagrados.

Las breves oraciones que se presentan a continuación contienen la esencia de estas tres preparaciones. Para más información sobre ellas véanse *Nuevo manual de meditación* o *El camino gozoso de buena fortuna*.

Gueshe Kelsang Gyatso,
1987.

Oraciones para meditar

Refugio

Yo y todos los seres sintientes nos refugiamos en Buda,
el Dharma y la Sangha
hasta que alcancemos la iluminación. (x3, x7, x100 o más)

Generación de bodhichita

Que por los méritos que acumule con la práctica de la
generosidad y otras perfecciones,
alcance el estado de Buda para poder beneficiar a todos
los seres sintientes. (x3)

Generación de los cuatro deseos inconmensurables

Que todos los seres sean felices,
que todos los seres se liberen del sufrimiento,
que nadie sea desposeído de su felicidad,
que todos los seres logren ecuanimidad, libres de odio
y de apego.

Visualización del campo de méritos

Al igual que la luna llena está circundada de estrellas,
ante mí en el espacio se halla Buda Shakyamuni
rodeado de todos los Budas y Bodhisatvas.

Oración de las siete ramas

Respetuosamente me postro con cuerpo, palabra y mente,
os presento ofrendas materiales e imaginadas,
confieso mis malas acciones del pasado,
y me regocijo de las virtudes de los Seres Superiores
y ordinarios.
Por favor, permaneced junto a nosotros hasta el fin
del samsara,
y girad la Rueda del Dharma a los seres migratorios.
Dedico todas las virtudes para la gran iluminación.

Ofrecimiento del mandala

Os ofrezco esta base con flores y ungida de incienso,
con el Monte Meru, los cuatro continentes, el sol y la luna,
percibida como una tierra pura de Buda.
Que todos los seres puedan disfrutar de una tierra pura.

Aceptad, por favor, los objetos de mi apego, odio e
ignorancia,
mi amigo, enemigo y desconocido, así como mi cuerpo
y posesiones,
que sin sentimiento de pérdida os ofrezco.
Y bendecidme para que me libere de los tres venenos
mentales.

IDAM GURU RATNA MANDALAKAM NIRIATAYAMI

Oración de las etapas del camino

Bendecidme para que comprenda
que generar fe sincera en el bondadoso maestro espiritual,
fuente de toda virtud, es la raíz del camino,
y así le siga siempre con gran devoción.

Bendecidme para que comprenda
que este excelente renacimiento humano dotado de libertad
es muy valioso y difícil de conseguir,
y así dedique el día y la noche a extraer su esencia.

Mi cuerpo es frágil como una burbuja en el agua,
rápidamente decae y se destruye.
Y así como la sombra siempre sigue al cuerpo,
el resultado de mis acciones proseguirá a la muerte.

Con este entendimiento firme en la memoria
bendecidme para que, con extrema cautela,
evite siempre la mínima acción indebida
y acumule virtud en abundancia.

Los placeres del samsara son ilusorios,
no producen satisfacción sino tormentos.
Por ello, bendecidme para que solo me esfuerce
en lograr el gozo sublime de la liberación.

Bendecidme para que, con gran cuidado y atención,
inducido por este pensamiento puro,
mantenga el *pratimoksha,* la raíz de la doctrina,
como mi práctica esencial.

Al igual que yo, todos los maternales seres
están hundidos en el océano del samsara.
Bendecidme para que me adiestre en la bodhichita
y pueda liberar pronto a todos los seres.

Pero si solo cultivo esta mente
sin aplicarme en las tres moralidades,
no alcanzaré la iluminación.
Por ello, bendecidme para que guarde los votos
del Bodhisatva.

Pacificando mis distracciones
e investigando el significado real,
bendecidme para que logre la unión
de la permanencia apacible y la visión superior.

Bendecidme para que, a través del camino común,
me convierta en un recipiente puro
y entre en el camino de los seres afortunados,
el *vajrayana*, el camino supremo.

Las dos realizaciones dependen
de mis sagrados votos y promesas.
Bendecidme para que lo entienda con claridad,
y siempre los mantenga aunque mi vida peligre.

Realizando a diario las cuatro sesiones
tal como indican los maestros sagrados,
bendecidme para que pronto alcance
las dos etapas del camino del tantra.

Que los Guías que me muestran el buen camino
y las amistades que me ayudan tengan larga vida,
y bendecidme para que pacifique por completo
todos los obstáculos, externos e internos.

Que siempre encuentre maestros perfectos
y disfrute del Dharma sagrado,
y que realizando las etapas del camino
pronto alcance el estado de Vajradhara.

Bendiciones y purificación

De los corazones de todos los seres sagrados fluye un torrente de luz y néctar, que nos bendice y purifica.

Puedes realizar ahora la contemplación y la meditación. Al final de la meditación dedica los méritos con la siguiente oración:

Dedicación

Que gracias a las virtudes que he acumulado
practicando las etapas del camino,
tengan también los demás seres sintientes
la oportunidad de realizar esta práctica.

Que todos los seres sintientes disfruten
de los gozos divinos y humanos,
y pronto alcancen la felicidad última,
cesando toda existencia en el samsara.

Oraciones de la tradición virtuosa

Para que la tradición de Yhe Tsongkhapa,
el Rey del Dharma, pueda florecer,
que todos los obstáculos sean pacificados
y que abunden las condiciones favorables.

Que gracias a las dos acumulaciones, mías y de otros,
reunidas durante los tres tiempos,
pueda la doctrina del Vencedor Losang Dragpa
brillar para siempre.

Oración de nueve versos de *Migtsema*

Tsongkhapa, corona de los eruditos de la Tierra
de las Nieves,
eres Buda Shakyamuni y Vajradhara, fuente de todas
las realizaciones,
Avalokiteshvara, tesoro de compasión inconcebible,
Manyhushri, suprema sabiduría inmaculada,

y Vajrapani, destructor de la multitud de maras.
¡Oh, venerable Guru Buda!, síntesis de las Tres Joyas,
con respeto, con mi cuerpo, palabra y mente, te suplico;
bendícenos a mí y a los demás seres para que nos liberemos
y realicemos,
y concédenos las realizaciones comunes y supremas. (x3)

Colofón: Estas oraciones han sido recopiladas a partir de fuentes tradicionales por el venerable Gueshe Kelsang Gyatso Rimpoché y traducidas bajo su compasiva guía.

Apéndice 5

El camino gozoso

SADHANA CONCISA DE LA AUTOGENERACIÓN COMO VAJRAYOGUINI

Aquellos que deseen adiestrarse en la autogeneración como Vajrayoguini a diario, pero no se sientan capaces de realizar la sadhana extensa ni la media o no dispongan de tiempo suficiente para ello, pueden lograr su objetivo practicando esta sadhana con fe firme. No obstante, siempre que nos adiestremos en la recitación, contemplación o meditación de esta sadhana El camino gozoso, *debemos hacerlo sin ninguna distracción. Con distracciones no lograremos nada.*

Buda Vajradharma

SADHANA

LAS CUATRO PRÁCTICAS PREPARATORIAS

Visualización de los objetos de refugio, la entrada para generar y cultivar la fe budista

La fe en Buda, el Dharma y la Sangha es fe budista en general y la fe en Guru Vajradharma Heruka Padre y Madre es una fe budista en la práctica de Vajrayoguini en particular. Guru Vajradharma Heruka Padre y Madre no son dos personas diferentes sino una misma bajo diferentes aspectos. Realiza esta práctica siguiendo la contemplación que se presenta a continuación.

Ante mí en el espacio aparece mi Guru raíz bajo el aspecto de Buda Vajradharma, manifestación de la palabra de todos los Budas, con Heruka Padre y Madre en su corazón, rodeado de la asamblea de los Gurus del linaje, los Yidams –las Deidades iluminadas–, las Tres Joyas Preciosas –Buda, Dharma y Sangha, los practicantes espirituales puros– y los Protectores del Dharma.

Medita con fe intensa en esta gran asamblea de seres sagrados e iluminados. Al visualizar a tu Guru raíz de este modo recibirás las bendiciones especiales de la palabra de todos los Budas. Gracias a ello, alcanzarás con rapidez las realizaciones de la palabra –las enseñanzas del Dharma del sutra y del tantra–. Solo con las realizaciones del Dharma conseguirás que desaparezcan tus problemas humanos en particular y los del samsara en general.

Adiestramiento en la práctica de refugio, la entrada al budismo

En esta práctica, para liberarte de manera permanente a ti mismo y a todos los seres sintientes del sufrimiento, desde lo más profundo del corazón promete refugiarte durante toda la vida en la asamblea de Gurus, Budas, Dharma y Sangha, los practicantes espirituales puros. Esta promesa es el voto de refugio, que abre la puerta de la liberación, la suprema paz mental permanente que se conoce como nirvana. *Realiza esta práctica siguiendo la contemplación que se presenta a continuación.*

Yo y todos los seres sintientes, innumerables como
el espacio infinito, desde este momento hasta
que alcancemos la iluminación,
nos refugiamos en los Gurus, los Guías Espirituales
supremos,
nos refugiamos en los Budas, los seres plenamente
iluminados,
nos refugiamos en el Dharma, las preciosas enseñanzas de
Buda,
nos refugiamos en la Sangha, los practicantes espirituales
puros. (x3)

Como compromiso del voto de refugio debes esforzarte en recibir las bendiciones de Buda, practicar el Dharma y recibir ayuda de la Sangha, los practicantes espirituales puros. Puesto que te conducen por el camino espiritual mostrándote un buen ejemplo que puedes seguir, los practicantes espirituales puros son objetos de refugio.

Generación del buen corazón supremo, la bodhichita, la entrada al camino de la gran iluminación

En esta práctica, para alcanzar la iluminación y poder beneficiar a todos los seres sintientes cada día, desde lo más profundo del corazón promete practicar las etapas del camino de Vajrayoguini –las etapas de generación y de consumación–. Esta promesa es el voto del Bodhisatva que te abre la puerta del camino rápido a la iluminación. Realiza esta práctica siguiendo la contemplación que se presenta a continuación.

Una vez que haya alcanzado el estado de la iluminación total,
la Budeidad, voy a liberar a todos los seres sintientes del
océano del sufrimiento del samsara y a conducirlos al gozo de
la iluminación completa. Con este propósito voy
a practicar las etapas del camino de Vajrayoguini. (x3)

Como compromiso del voto del Bodhisatva, debes esforzarte en practicar las seis perfecciones: la generosidad, la disciplina moral, la paciencia, el esfuerzo, la concentración y la sabiduría. En el libro Budismo moderno *puede encontrarse una exposición detallada de la práctica de las seis perfecciones.*

Bendiciones, la entrada para alcanzar el cuerpo, la palabra y la mente iluminados con la purificación de la apariencia ordinaria de nuestro cuerpo, palabra y mente

En esta práctica, primero realiza el ofrecimiento breve del mandala.

Os ofrezco esta base con flores y ungida de incienso,
con el Monte Meru, los cuatro continentes, el sol y la luna,
percibida como una tierra pura de Buda.
Que todos los seres puedan disfrutar de una tierra pura.

IDAM GURU RATNA MANDALAKAM NIRIATAYAMI

Ahora, recita esta oración tres veces:

En los Gurus y en las Tres Joyas Preciosas me refugio y ante ellos me postro. Por favor, bendecid mi continuo mental. (x3)

A continuación realiza la práctica en sí siguiendo la contemplación que se presenta a continuación.

En respuesta a mi súplica, la gran asamblea de seres sagrados ante mí se funde en forma de rayos de luz blanca, roja y azul oscuro. Los rayos de luz blanca son de la naturaleza del cuerpo de todos los Budas, los rayos de luz roja son de la naturaleza de la palabra de todos los Budas y los rayos de luz azul son de la naturaleza de la mente de todos los Budas. Estos rayos se disuelven en mí y recibo las bendiciones especiales del cuerpo, la palabra y la mente de todos los Budas. Las apariencias ordinarias de mi cuerpo, palabra y mente se purifican y mi cuerpo, palabra y mente que residen de manera continua se transforman en el cuerpo, la palabra y la mente de un ser iluminado.

Medita de manera convergente en esta creencia. La percepción de tu cuerpo, palabra y mente que normalmente ves es la apariencia ordinaria de tu cuerpo, palabra y mente.

AUTOGENERACIÓN

Transformación de la muerte en el camino del Cuerpo de la Verdad, el cuerpo muy sutil de Buda

En esta práctica transformas tu luz clara de la muerte en el camino espiritual de la unión del gran gozo y la vacuidad por medio de la imaginación correcta. Realiza esta práctica siguiendo la contemplación que se presenta a continuación.

El mundo y los seres que habitan en él se funden en luz y se disuelven en mi cuerpo. Mi cuerpo también se funde en luz y disminuye poco a poco de tamaño hasta que se disuelve en la vacuidad, la mera ausencia de todos los fenómenos que normalmente percibo. Esto es similar al modo en que las apariencias de esta vida se disuelven al morir. Experimento la luz clara de la muerte, cuya naturaleza es gozo. Solo percibo la vacuidad. Mi mente de la luz clara de la muerte deviene la unión del gran gozo y la vacuidad.

Medita en esta creencia sin ninguna distracción. Al final de la meditación piensa:

Soy Vajrayoguini del Cuerpo de la Verdad.

La mente muy sutil que se manifiesta al morir es la luz clara de la muerte. Aunque realizamos esta contemplación y meditación por medio de la imaginación, su naturaleza es sabiduría y su significado es inconcebible. Si, con la práctica sincera de esta contemplación y meditación, te familiarizas profundamente con la transformación de la luz clara de la muerte en la unión del gran gozo y la vacuidad por medio de la imaginación, cuando experimentes el verdadero proceso de la muerte, podrás reconocer la luz clara de la muerte y transformarla en la unión del gran gozo y la vacuidad. Esta transformación es la realización de la luz clara ejemplar última que te conducirá de manera directa al logro del cuerpo ilusorio, el cuerpo inmortal. A partir de ese momento te convertirás en un ser inmortal, tendrás la experiencia de ser Vajrayoguini y de que tu mundo es la tierra pura de Keajra. De este modo alcanzarás tu meta última. La Deidad Vajrayoguini designada sobre el Cuerpo de la Verdad de un Buda es Vajrayoguini del Cuerpo de la Verdad, la Vajrayoguini definitiva.

Transformación del estado intermedio en el camino del Cuerpo de Deleite, el cuerpo sutil de la Forma de Buda

El estado entre esta vida y el próximo renacimiento es el estado intermedio. Los seres que se encuentran en él son los seres del estado intermedio, también llamado bardo. En esta práctica transformas la experiencia del ser del estado intermedio en la de Vajrayoguini del Cuerpo de Deleite. La Deidad Vajrayoguini designada sobre el Cuerpo sutil de la Forma de un Buda es Vajrayoguini del Cuerpo de Deleite. Realiza esta práctica siguiendo la contemplación que se presenta a continuación.

Mantengo la experiencia de que mi mente de la luz clara de la muerte se ha transformado en la unión del gran gozo y la vacuidad. Al mismo tiempo, de la vacuidad del Cuerpo de la Verdad, el Dharmakaya, me transformo de manera instantánea en Vajrayoguini del Cuerpo de Deleite, bajo la forma de una esfera de luz roja, de la naturaleza de gran gozo inseparable de la vacuidad. Este proceso es similar al modo en que el cuerpo del ser en el estado intermedio surge de la luz clara de la muerte. Soy Vajrayoguini del Cuerpo de Deleite.

Concéntrate de manera convergente en la experiencia de que eres Vajrayoguini del Cuerpo de Deleite durante tanto tiempo como puedas.

Transformación del renacimiento en el camino del Cuerpo de Emanación, el Cuerpo burdo de la Forma de Buda

En esta práctica transformas la experiencia de renacer como un ser ordinario en el samsara en la de renacer en la tierra pura de Keajra como Vajrayoguini del Cuerpo de Emanación. La Deidad Vajrayoguini designada sobre el Cuerpo burdo de la

Forma de un Buda es Vajrayoguini del Cuerpo de Emanación. Realiza esta práctica siguiendo la contemplación que se presenta a continuación.

En el vasto espacio de la vacuidad de todos los fenómenos –la tierra pura de Keajra–, cuya naturaleza es mi percepción equívoca sutil purificada de todos los fenómenos, aparezco como Vajrayoguini, la manifestación de la sabiduría de la luz clara de todos los Budas. Mi cuerpo es de luz, de color rojo, tengo un rostro y dos brazos, y aparezco bajo el aspecto de una joven de dieciséis años en el primor de la juventud. Aunque muestro esta apariencia, no es otra que la vacuidad de todos los fenómenos. Soy Vajrayoguini del Cuerpo de Emanación.

Medita en esta autogeneración durante tanto tiempo como puedas con el reconocimiento de que la apariencia de ti misma como Vajrayoguini en la tierra pura de Keajra y la vacuidad de todos los fenómenos no son dos entidades, sino una sola. La meditación en la autogeneración tiene el poder de reducir y eliminar el aferramiento propio. En esta práctica, has de mejorar tu experiencia del adiestramiento en el orgullo divino y la apariencia clara por medio de perseverar en la contemplación y meditación de las instrucciones que de estos temas se exponen en el libro Nueva guía del Paraíso de las Dakinis.

Debes saber que las cuatro prácticas preparatorias son como las cuatro ruedas de un vehículo; y la autogeneración, como el vehículo propiamente dicho, por lo que ambas son de igual importancia para alcanzar la meta última.

Ahora puedes adiestrarte en una meditación especial del fuego interno o tummo. *Para una exposición detallada de cómo hacerlo consulta la* Nueva guía del Paraíso de las Dakinis.

Recitación del mantra

En mi corazón se encuentra el Ser de Sabiduría Vajrayoguini, la Vajrayoguini definitiva, que es la síntesis del cuerpo, la palabra y la mente de todos los Budas.

¡Oh, mi Deidad Maestra, Vajrayoguini!,
Por favor, concédenos a mí y a todos los seres sintientes los logros del cuerpo, la palabra y la mente iluminados.
Por favor, pacifica nuestros obstáculos externos, internos y secretos.
Por favor, establece en nosotros las bases de todos estos logros.

Para realizar esta súplica recita el mantra de tres OMs al menos tantas veces como hayas prometido:

OM OM OM SARVA BUDDHA DAKINIYE VAJRA VARNANIYE VAJRA BEROTZSANIYE HUM HUM HUM PHET PHET PHET SOHA

Los obstáculos externos son los daños que recibimos de los seres humanos y de otros seres, así como de objetos inanimados, como el fuego, el agua, etcétera; los obstáculos internos son nuestros engaños, como el odio, el apego y la ignorancia; y el obstáculo secreto es la apariencia equívoca sutil de todos los fenómenos, nuestra percepción de todos los fenómenos que normalmente vemos.

Ahora, si lo deseas, puedes hacer el ofrecimiento del tsog. *El ritual de oraciones del ofrecimiento del tsog puede encontrarse en la* Nueva guía del Paraíso de las Dakinis.

Dedicación

Que gracias a las virtudes que he acumulado con la práctica de estas instrucciones

reciba el cuidado especial de la venerable Vajrayoguini
y de las Dakinis que son sus emanaciones,
y que al recibir sus poderosas bendiciones en mi cuerpo,
palabra y mente muy sutiles
alcance la iluminación con rapidez para liberar a todos
los seres sintientes.

Oraciones de la tradición virtuosa

Para que la tradición de Yhe Tsongkhapa,
el Rey del Dharma, pueda florecer,
que todos los obstáculos sean pacificados
y que abunden las condiciones favorables.

Que gracias a las dos acumulaciones, mías y de otros,
reunidas durante los tres tiempos,
pueda la doctrina del Vencedor Losang Dragpa
brillar para siempre.

Oración de nueve versos de *Migtsema*

Tsongkhapa, corona de los eruditos de la Tierra
de las Nieves,
eres Buda Shakyamuni y Vajradhara, fuente de todas
las realizaciones,
Avalokiteshvara, tesoro de compasión inconcebible,
Manyhushri, suprema sabiduría inmaculada,
y Vajrapani, destructor de la multitud de maras.
¡Oh, venerable Guru Buda!, síntesis de las Tres Joyas,
con respeto, con mi cuerpo, palabra y mente, te suplico;
bendícenos a mí y a los demás seres para que nos liberemos
y realicemos,
y concédenos las realizaciones comunes y supremas. (x3)

Colofón: Esta sadhana –ritual de oraciones para alcanzar realizaciones espirituales– ha sido recopilada a partir de fuentes tradicionales por el venerable Gueshe Kelsang Gyatso Rimpoché y traducida bajo su compasiva guía, 2012 y revisada en el 2013.

Apéndice 6

Los once yogas de Vajrayoguini

LOS YOGAS DEL DORMIR, DESPERTAR Y EXPERIMENTAR NÉCTAR

Vajrayoguini es una Deidad femenina iluminada del tantra del yoga supremo, manifestación de la sabiduría de todos los Budas. Su función es guiar a todos los seres sintientes a la tierra pura de Keajra o tierra pura de las Dakinis. Buda enseñó las instrucciones de Vajrayoguini en el *Tantra raíz de Heruka*. El gran yogui Naropa las recibió directamente de Vajrayoguini y las transmitió a Pamtingpa, uno de sus discípulos de corazón. Pamtingpa las transmitió al traductor tibetano Sherab Tseg, a partir del cual fueron pasando a través de un linaje ininterrumpido hasta Yhe Phabongkhapa, y de él al venerable Vajradhara Triyhang Rimpoché, sostenedor del linaje. Yo, el autor, he recibido estas preciosas instrucciones de este gran maestro.

El tantra del yoga supremo puede dividirse en dos: el tantra del Padre y el tantra de la Madre. En los tantras de la Madre se revela principalmente el adiestramiento en la luz clara, que es la causa principal para alcanzar la mente sagrada de Buda. Y en los tantras del Padre, como el tantra de Guhyasamayha, se muestra principalmente el adiestramiento en el cuerpo ilusorio, que es la causa principal para alcanzar el cuerpo

Vajrayoguini

sagrado de un Buda. Puesto que el tantra de Vajrayoguini es un tantra de la Madre, el cuerpo principal de su práctica es el adiestramiento en la luz clara. Este cuerpo tiene once extremidades, los llamados *once yogas*. En este contexto, *yoga* significa 'adiestramiento en los caminos espirituales'. Por ejemplo, el adiestramiento en un camino espiritual practicado durante el sueño se llama *yoga del dormir*.

El primero de los once yogas que se enumeran en las escrituras es el yoga del dormir. Esto indica que debemos empezar la práctica de Vajrayoguini con este yoga. Como ya se ha mencionado, el cuerpo principal de la práctica de Vajrayoguini es el adiestramiento en la luz clara. Esta se manifiesta de manera natural durante el sueño; por lo tanto, tenemos la oportunidad de adiestrarnos en reconocerla en ese momento. Cuando la reconozcamos y realicemos de manera directa, habremos alcanzado la luz clara significativa, la realización de la cuarta de las cinco fases de la etapa de consumación.

¿Qué es la luz clara? Es la mente muy sutil que se manifiesta cuando los aires internos entran, permanecen y se disuelven en el canal central. La luz clara percibe la vacuidad y es el octavo signo de la disolución de los aires internos en el canal central. Hay tres clases de luz clara: 1) la luz clara del dormir, 2) la luz clara de la muerte, 3) la realización de la luz clara.

Durante el sueño se manifiesta nuestra mente muy sutil porque nuestros aires internos entran y se disuelven en el canal central de manera natural. Esta mente muy sutil es la luz clara del dormir. Percibe la vacuidad, pero no podemos reconocer la luz clara en sí ni la vacuidad porque nuestra memoria no funciona durante el sueño. Del mismo modo, nuestra mente muy sutil también se manifiesta durante la muerte porque nuestros aires internos entran y se disuelven en el canal central. Esta mente muy sutil es la luz clara de la muerte. Percibe la vacuidad, pero no podemos reconocer la propia luz clara ni la vacuidad porque nuestra memoria no funciona durante la muerte.

Si durante el estado de vigilia logramos que nuestros aires internos entren, permanezcan y se disuelvan en el canal central por medio de la meditación, experimentaremos una disolución profunda de los aires internos en el canal central y, debido a ello, se manifestará nuestra mente muy sutil. Esta mente muy sutil es la realización de la luz clara. Su naturaleza es la del gozo que surge al derretirse las gotas dentro del canal central y su función es impedir que surja la apariencia equívoca. También es la realización de la luz clara del gozo, la esencia misma del tantra del yoga supremo y el verdadero camino rápido a la iluminación.

En conclusión, el cuerpo principal de la práctica de Vajrayoguini es el adiestramiento en la luz clara del gozo. Este puede dividirse en dos: 1) adiestramiento en el gozo, 2) adiestramiento en la luz clara. Para adiestrarnos en el gozo, primero hemos de saber qué es. Este gozo no es el gozo sexual; no necesitamos adiestrarnos en el gozo sexual porque cualquiera, hasta los animales, puede experimentarlo sin ningún aprendizaje. El gozo en el que debemos adiestrarnos es el que Buda revela en el tantra del yoga supremo. Se denomina *gran gozo* y posee dos características especiales: 1) su naturaleza es la del gozo que surge al derretirse las gotas dentro del canal central y 2) su función es impedir que surja la apariencia equívoca sutil. Los seres ordinarios no pueden experimentar este gozo. El gozo sexual de los seres ordinarios surge cuando las gotas se derriten dentro del canal izquierdo, no el central.

En el *Tantra raíz conciso de Heruka,* Buda dice:

«El secreto supremo del gran gozo
surge al derretirse las gotas dentro del canal central;
por lo tanto, resulta difícil encontrar en el mundo
una persona que experimente este gozo».

Solo aquellos que logran que sus aires internos entren, permanezcan y se disuelvan en el canal central por medio de la meditación pueden experimentar este gozo. Puesto que dicho gozo impide que surja la apariencia equívoca sutil, cuando lo experimentamos, nuestra ignorancia del aferramiento propio y todos los pensamientos conceptuales que nos distraen cesan, y disfrutamos de una profunda paz interior superior a la paz suprema del nirvana que Buda expone en las enseñanzas del sutra.

CÓMO PRACTICAR EL YOGA DEL DORMIR

Cada noche, cuando nos vayamos a dormir, pensamos:

Para beneficiar a todos los seres sintientes
voy a convertirme en el Buda iluminado Vajrayoguini.
Para ello voy a alcanzar la realización de la luz clara del gozo.

Luego recordamos que nuestro cuerpo, nuestro yo y todos los demás fenómenos que normalmente percibimos no existen. Intentamos percibir la mera ausencia de todos los fenómenos que normalmente percibimos, la vacuidad de todos los fenómenos, y meditamos en ella. Luego pensamos e imaginamos lo siguiente:

En el vasto espacio de la vacuidad de todos los fenómenos –la tierra pura de Keajra–, aparezco como Vajrayoguini, rodeada de los Héroes y Heroínas iluminados. Aunque muestro esta apariencia, no es otra que la vacuidad de todos los fenómenos.

Meditamos en esta autogeneración.

Hemos de adiestrarnos en esta profunda meditación de autogeneración mientras dormimos, no en el sueño profundo. Si nos adiestramos en esta práctica cada noche con esfuerzo constante, poco a poco podremos utilizar la memoria durante el sueño. Debido a ello, cuando nuestra mente muy sutil se manifieste durante el sueño, podremos reconocerla o realizarla. Con un mayor adiestramiento la realizaremos de manera directa. Cuando esto ocurra, nuestra mente se mezclará con la vacuidad de todos los fenómenos, como agua vertida en agua. Debido a ello, nuestra apariencia equívoca sutil cesará con rapidez de manera permanente y nos convertiremos en un ser iluminado, un Buda. Buda dijo: «Si realizas tu propia mente, te convertirás en un Buda; no busques la Budeidad en ningún otro lugar». Con respecto a este logro, el dormir tiene mucho sentido para nosotros.

CÓMO PRACTICAR EL YOGA DEL DESPERTAR

Debemos intentar practicar el yoga del dormir durante toda la noche y el yoga del despertar durante el día. Cada día, por la mañana temprano, primero hemos de meditar en la mera ausencia de todos los fenómenos que normalmente vemos o percibimos, la vacuidad de todos los fenómenos. Luego pensamos e imaginamos lo siguiente:

> *En el vasto espacio de la vacuidad de todos los fenómenos –la tierra pura de Keajra–, aparezco como Vajrayoguini, rodeada de los Héroes y Heroínas iluminados. Aunque muestro esta apariencia, no es otra que la vacuidad de todos los fenómenos.*

Meditamos en esta autogeneración.

Debemos repetir esta práctica de meditación una y otra vez durante todo el día. Este es el yoga del despertar. Luego, por la noche volvemos a practicar el yoga del dormir. Si practicamos el ciclo de los yogas del dormir y despertar con perseverancia, nuestras apariencias y concepciones ordinarias, las raíces de nuestro sufrimiento, cesarán.

CÓMO PRACTICAR EL YOGA DE EXPERIMENTAR NÉCTAR

Cada vez que comamos o bebamos, primero hemos de comprender y pensar lo siguiente:

Para los seres iluminados, la comida y la bebida son el néctar supremo que posee tres cualidades especiales: 1) es néctar medicinal que cura las enfermedades, 2) es néctar de la vida que impide la muerte y 3) es néctar de sabiduría que pacifica las perturbaciones mentales.

Con este reconocimiento, cada vez que comamos o bebamos, debemos ofrecernos a nosotros mismos, la Vajrayoguini autogenerada, el placer que nos producen estos objetos de deseo. Si practicamos de este modo, podemos transformar nuestra experiencia diaria de comer y beber en un camino espiritual con el que acumulamos gran cantidad de méritos o buena fortuna. Del mismo modo, cada vez que disfrutemos viendo formas atractivas o bellos objetos, escuchando sonidos melodiosos, como música o canciones, oliendo aromas fragantes o tocando objetos suaves, debemos ofrecernos a nosotros mismos, la Vajrayoguini autogenerada, el placer que nos producen estos objetos de deseo. De esta manera podemos transformar todas las experiencias diarias de los objetos de deseo en el camino espiritual que nos conduce al estado iluminado de Vajrayoguini.

En resumen, debemos reconocer que en el vasto espacio de la vacuidad de todos los fenómenos –la tierra pura de Keajra– nos encontramos nosotros mismos, Vajrayoguini, rodeada de los Héroes y Heroínas iluminados. Hemos de mantener este reconocimiento día y noche excepto cuando nos concentremos en los caminos comunes, como el refugio, el adiestramiento en la renuncia y la bodhichita, y las prácticas de purificación.

Esta manera de practicar los yogas del dormir, despertar y experimentar néctar es sencilla, pero muy profunda. Hay también otras maneras de practicar estos yogas que pueden encontrarse en el libro *Nueva guía del Paraíso de las Dakinis*.

LOS OCHO YOGAS RESTANTES

Hemos de practicar los ocho yogas restantes, desde el yoga de los inconmensurables hasta el de las acciones diarias, con la sadhana *El camino rápido al gran gozo*, compuesta por Yhe Phabongkhapa. Esta sadhana es muy especial y tiene muchas bendiciones. Para un comentario detallado de esta sadhana y una exposición de cómo practicar cada yoga véase la *Nueva guía del Paraíso de las Dakinis*, pero a continuación se presenta brevemente la esencia de estas instrucciones.

EL YOGA DE LOS INCONMENSURABLES

El refugio en las Tres Joyas, la generación de bodhichita y la meditación y recitación de Vajrasatva se denominan *yoga de los inconmensurables* porque son adiestramientos en los caminos espirituales que nos aportan beneficios inconmensurables en esta vida y en las futuras.

La meditación y recitación de Vajrasatva nos ofrece la gran oportunidad de purificar nuestra mente con rapidez para que podamos alcanzar la iluminación con mayor celeridad. Como ya se ha mencionado, alcanzar la iluminación es muy sencillo, lo único que tenemos que hacer es esforzarnos en purificar nuestra mente.

EL YOGA DEL GURU

Para recibir las bendiciones de la palabra de todos los Budas, en esta práctica del yoga del Guru visualizamos a nuestro Guru raíz bajo el aspecto de Buda Vajradharma. Vajradharma, Vajradhara, Vajrasatva y Heruka son aspectos diferentes de un mismo ser iluminado. La función de Buda Vajradharma es concedernos las bendiciones de la palabra de todos los Budas. Al recibir estas bendiciones, nuestra palabra será muy poderosa cada vez que enseñemos el Dharma. De este modo podremos colmar los deseos de innumerables seres sintientes y purificar o sanar su continuo mental con el néctar de nuestra palabra.

Este yoga del Guru contiene una práctica denominada *Ofrecimiento del tsog kusali*, que tiene la misma función que el *chod* o *práctica de escisión [del aferramiento propio]*. También contiene una práctica para recibir las bendiciones de las cuatro iniciaciones que nos dará mucha confianza para alcanzar las realizaciones de las etapas de generación y de consumación.

EL YOGA DE LA AUTOGENERACIÓN

Este yoga incluye las prácticas de transformar la muerte, el estado intermedio (bardo) y el renacimiento en los caminos del Cuerpo de la Verdad, el Cuerpo de Deleite y el Cuerpo de Emanación.

En esta práctica, el mandala soporte se visualiza en el aspecto de un doble tetraedro, que simboliza la vacuidad de todos los fenómenos; y las Deidades contenidas en él somos nosotros mismos, la Vajrayoguini imaginada, junto con nuestro séquito de Heroínas.

EL YOGA DE PURIFICAR A LOS SERES MIGRATORIOS

En esta práctica, después de habernos generado como el Buda iluminado Vajrayoguini, imaginamos que concedemos bendiciones a todos los seres sintientes que los liberan del sufrimiento y las faltas, y los conducen al estado de Vajrayoguini, el estado de la felicidad última. Esta es una práctica especial de tomar y dar según el tantra del yoga supremo. Hace madurar nuestro potencial de poder beneficiar de manera directa a todos los seres sintientes y al realizarla cumplimos con el compromiso de beneficiar a todos los seres sintientes que tomamos cuando recibimos la iniciación del tantra del yoga supremo.

EL YOGA DE RECIBIR BENDICIONES DE LOS HÉROES Y HEROÍNAS

En esta práctica, por medio de la meditación en el mandala corporal de Vajrayoguini, nuestros canales y gotas recibirán poderosas bendiciones directamente de las treinta y siete Heroínas –las Deidades iluminadas femeninas del mandala corporal de Vajrayoguini–, y de manera indirecta de sus consortes, los Héroes. Además, al invitar a todos los Héroes y Heroínas (seres iluminados masculinos y femeninos) de las diez direcciones bajo el aspecto de Vajrayoguini y disolverlos en nosotros mismos, recibimos las bendiciones de todos ellos.

La meditación del mandala corporal de Vajrayoguini es muy profunda. Aunque es una práctica de la etapa de generación, su función es hacer que nuestros aires internos entren, permanezcan y se disuelvan en el canal central. Yhe Phabongkhapa alabó mucho esta práctica del mandala corporal de Vajrayoguini.

EL YOGA DE LA RECITACIÓN VERBAL Y MENTAL

Si nos concentramos en la recitación verbal del mantra de Vajrayoguini (el mantra de las tres OMs), podemos alcanzar los logros de pacificación, prosperidad, control, colérico y supremo que se mencionan en el apartado «Adiestramiento en la recitación del mantra» del capítulo «La práctica del mandala corporal de Heruka», del libro *Budismo moderno*. La práctica de la recitación mental contiene dos meditaciones de la etapa de consumación, y ambas son la esencia misma de la práctica de Vajrayoguini. Estas dos meditaciones se exponen con claridad en la *Nueva guía del Paraíso de las Dakinis*.

EL YOGA INCONCEBIBLE

Tal y como se describe en la sadhana *El camino rápido al gran gozo*, después de disolverlo todo, desde el reino inmaterial hasta la nada, en la vacuidad, imaginamos que experimentamos la luz clara del gozo y con esta experiencia meditamos en la vacuidad de todos los fenómenos, la mera ausencia de todos los fenómenos que normalmente percibimos. Esta meditación es un adiestramiento en la luz clara del gozo, el cuerpo principal de la práctica de Vajrayoguini. Si la practicamos con perseverancia, poco a poco experimentaremos la luz clara significativa –la unión del gran gozo y la vacuidad–, que es el estado inconcebible propiamente dicho. En este contexto, *inconcebible* significa 'que no puede ser experimentado por aquellos que no han alcanzado la luz clara'.

EL YOGA DE LAS ACCIONES DIARIAS

El yoga de las acciones diarias es un método para transformar todas nuestras acciones diarias, como comer, dormir, trabajar y hablar, en profundos caminos espirituales, con lo cual llenamos de significado cada momento de nuestra vida.

Apéndice 7

El yoga de Buda Heruka

PRÁCTICA CONCISA DE LA AUTOGENERACIÓN DEL MANDALA CORPORAL DE HERUKA Y YOGA CONCISO DE LAS SEIS SESIONES

Objetos tántricos de compromiso: ofrenda interna en la kapala, vajra, campana, damaru y mala

Introducción

Aquellos que han recibido la iniciación del mandala corporal de Heruka y no puedan practicar la sadhana extensa de Heruka, *Esencia del vajrayana*, pueden realizar esta breve sadhana que contiene la esencia de la práctica del mandala corporal de Heruka.

Es muy importante mejorar nuestra comprensión de esta preciosa práctica y aumentar nuestra fe en ella contemplando con sinceridad el comentario que se presenta en el capítulo «La práctica del mandala corporal de Heruka» del libro *Budismo moderno*. Con un entendimiento claro y fe firme podemos entrar en el camino rápido que nos conduce hacia el estado iluminado de Buda Heruka, recorrerlo y completarlo.

Gueshe Kelsang Gyatso,
abril del 2010.

Heruka

El yoga de Buda Heruka

PRELIMINARES

Refugio

Yo y todos los seres sintientes nos refugiamos en Buda,
el Dharma y la Sangha
hasta que alcancemos la iluminación. (x3)

Generación de bodhichita, el buen corazón supremo

Que por los méritos que acumule con la práctica de la
generosidad y otras perfecciones,
alcance el estado de Buda para poder beneficiar a todos
los seres sintientes. (x3)

Yoga del Guru

VISUALIZACIÓN Y MEDITACIÓN

Ante mí en el espacio se encuentra Guru Sumati Buda Heruka –Yhe Tsongkhapa, inseparable de mi Guru raíz, Buda Shakyamuni y Heruka– rodeado de todos los Budas de las diez direcciones.

INVOCACIÓN A LOS SERES DE SABIDURÍA

Del corazón del Protector de los cientos de Deidades
de la Tierra Gozosa,
a la cima de una nube cual cúmulo de blanco requesón
fresco,
Omnisciente Losang Dragpa, Rey del Dharma,
tú y tus Hijos, acudid, por favor, a este lugar.

Ahora imaginamos que el Ser de Sabiduría Yhe Tsongkhapa junto con su séquito se disuelven en la asamblea de Guru Sumati Buda Heruka y devienen no duales.

ORACIÓN DE LAS SIETE RAMAS

Ante mí en el espacio, sobre un trono sostenido por leones,
sobre un loto y una luna,
el venerable maestro sonríe con deleite.
¡Oh, campo supremo de méritos para mi mente de fe!,
por favor, permanece durante cientos de eones para
difundir la doctrina.

Tu mente de sabiduría realiza los objetos de conocimiento
en toda su dimensión,
tu palabra elocuente es el ornamento del oído del
afortunado,
tu hermoso cuerpo resplandece con la gloria de la
celebridad.
Ante ti, que verte, oírte y recordarte es tan significativo,
me postro.

Ofrendas exquisitas de agua, multitud de flores,
incienso de dulce fragancia, luces, agua perfumada
y otros obsequios,
una vasta nube de ofrendas dispuestas e imaginadas,
a ti te ofrezco, ¡oh, campo supremo de méritos!

Todas las malas acciones de cuerpo, palabra y mente
que he acumulado desde tiempo sin principio,
y, en particular, las transgresiones de mis tres votos,
las confieso con mucho arrepentimiento desde lo más profundo de mi corazón.

En esta era de degeneración te esforzaste por aprender y realizarte.
Al abandonar las ocho preocupaciones mundanas extrajiste el significado de tus dones y libertades.
¡Oh, Protector!, desde lo más profundo de mi corazón
me regocijo de tu gran oleada de obras.

De las onduladas nubes de sabiduría y compasión
en el espacio de vuestros Cuerpos de la Verdad,
¡oh, venerables y sagrados maestros!,
enviad, por favor, una lluvia de vasto y profundo Dharma apropiado para los discípulos de este mundo.

De tu verdadero cuerpo inmortal, nacido de la luz clara significativa,
envía, por favor, incontables emanaciones por todo el mundo
para que difundan el linaje oral de la doctrina de Ganden,
y que permanezcan durante mucho tiempo.

Que gracias a las virtudes que aquí he acumulado,
la doctrina y todos los seres sintientes reciban todo beneficio,
y, en especial, que la esencia de la doctrina
del venerable Losang Dragpa brille eternamente.

OFRECIMIENTO DEL MANDALA

Os ofrezco esta base con flores y ungida de incienso,
con el Monte Meru, los cuatro continentes, el sol y la luna,

percibida como una tierra pura de Buda.
Que todos los seres puedan disfrutar de una tierra pura.

Aceptad, por favor, los objetos de mi apego, odio e ignorancia,
mi amigo, enemigo y desconocido, así como mi cuerpo y posesiones,
que sin sentimiento de pérdida os ofrezco.
Y bendecidme para que me libere de los tres venenos mentales.

IDAM GURU RATNA MANDALAKAM NIRIATAYAMI

SÚPLICAS ESPECIALES

Oh, Guru Sumati Buda Heruka, desde ahora hasta que alcance la iluminación
no buscaré otro refugio más que tú.
Pacifica, por favor, mis obstáculos y concédeme
los dos logros de liberación y realización.
Bendíceme, por favor, para que me convierta en el Heruka definitivo,
en cuyo estado experimentaré todos los fenómenos purificados y unidos en la vacuidad, inseparable del gran gozo. (x3)

EXPERIENCIA DEL GRAN GOZO Y LA VACUIDAD

Gracias a mis súplicas, todos los Budas de las diez direcciones se disuelven en Yhe Tsongkhapa, inseparable de mi Guru raíz; este se disuelve en Buda Shakyamuni que está en su corazón; y este, en Heruka que está en el suyo. Con deleite, Guru Heruka, cuya naturaleza es la unión del gran gozo y la vacuidad, entra en mi cuerpo por la coronilla y se disuelve en mi mente en mi corazón.

Debido a que Heruka, cuya naturaleza es la unión del gran gozo y la vacuidad, deviene inseparable de mi mente, esta se transforma en la unión del gran gozo y la vacuidad de todos los fenómenos.

Meditamos en esta creencia de manera convergente. Esta meditación se conoce como el adiestramiento en el yoga del Guru definitivo. *Debemos realizar esta práctica de las súplicas especiales y la meditación repetidas veces hasta que generemos de forma espontánea la creencia de que nuestra mente se ha transformado en la unión del gran gozo y la vacuidad.*

AUTOGENERACIÓN EN SÍ

En el vasto espacio de la vacuidad de todos los fenómenos –la tierra pura de Keajra–, cuya naturaleza es mi percepción equívoca sutil purificada de todos los fenómenos, aparezco como Buda Heruka. Mi cuerpo es azul oscuro, tengo cuatro rostros y doce brazos, y mi naturaleza es la de mi gota blanca indestructible purificada. Abrazo a Vajravarahi, cuya naturaleza es la de mi gota roja indestructible purificada. Estoy rodeado por los Héroes y Heroínas de las cinco ruedas, cuya naturaleza es la de mi cuerpo sutil purificado –mis gotas y canales–. Resido en el mandala, la mansión celestial, cuya naturaleza es la de mi cuerpo burdo purificado. Aunque muestro esta apariencia, no es otra que la vacuidad de todos los fenómenos.

Ahora, 1) al mismo tiempo que experimentas gran gozo y vacuidad, 2) medita en la apariencia clara del mandala y de las Deidades con orgullo divino, 3) mientras reconoces que la naturaleza de las Deidades es la de tus gotas y canales purificados, que son tu cuerpo sutil, y que la del mandala es la de tu cuerpo burdo purificado.

De esta manera, en una misma meditación dotada de estas tres características, te adiestras con sinceridad en la etapa de generación. Al reconocer la tercera característica –que la naturaleza de las Deidades es la de tu cuerpo sutil purificado y que la del mandala es la de tu cuerpo burdo purificado– esta concentración se convierte en una auténtica meditación del mandala corporal.

Si deseas practicar meditaciones de la etapa de consumación, imagina que trasformas tu aspecto de Heruka con cuatro rostros y doce brazos en el de Heruka con un rostro y dos brazos. A continuación, realiza las meditaciones del canal central, la gota indestructible, el aire indestructible, el tummo y demás.

Cuando necesites descansar de la meditación puedes practicar la recitación de los mantras.

Recitación de los mantras

EL MANTRA ESENCIAL DE HERUKA

En mi corazón se encuentra el Ser de Sabiduría Buda Heruka, el Heruka definitivo.

Oh, Glorioso Vajra Heruka, que disfrutas
del cuerpo ilusorio divino y la mente de luz clara,
pacifica, por favor, mis obstáculos y concédeme
los dos logros de liberación y realización.
Bendíceme, por favor, para que me convierta en el Heruka
definitivo,
en cuyo estado experimentaré todos los fenómenos
purificados y unidos en la vacuidad, inseparable del gran
gozo.

OM SHRI VAJRA HE HE RU RU KAM HUM HUM PHET
DAKINI DZSALA SHAMBARAM SOHA (x21, x100, etc.)

EL MANTRA DE TRES OMS DE VAJRAYOGUINI

En el corazón de la Vajrayoguini imaginada (Vajravarahi) se encuentra el Ser de Sabiduría Buda Vajrayoguini, la Vajrayoguini definitiva.

OM OM OM SARVA BUDDHA DAKINIYE VAJRA VARNANIYE VAJRA BEROTZSANIYE HUM HUM HUM PHET PHET PHET SOHA

Recítalo, al menos, tantas veces como hayas prometido.

El mantra de tres OMs es la unión del mantra esencial y el mantra esencial cercano de Vajravarahi. El significado de este mantra es el siguiente: Al decir OM OM OM *llamamos a Vajrayoguini –la Deidad principal– y a su séquito de Heroínas de las tres ruedas.* SARVA BUDDHA DAKINIYE *significa que es la síntesis de las mentes de todos los Budas;* VAJRA VARNANIYE, *que es la síntesis de la palabra de todos los Budas; y* VAJRA BEROTZSANIYE, *que es la síntesis de los cuerpos de todos los Budas. Con* HUM HUM HUM *suplicamos a Vajrayoguini y a su séquito que nos concedan los logros del cuerpo, palabra y mente de todos los Budas. Con* PHET PHET PHET *les suplicamos que pacifiquen nuestro obstáculo principal –las apariencias equívocas sutiles de nuestro cuerpo, palabra y mente–; y* SOHA *significa: «Ayudadme, por favor, a establecer las bases de todos estos logros».*

EL MANTRA CONCISO DE LAS SESENTA Y DOS DEIDADES DEL MANDALA CORPORAL DE HERUKA

En el corazón de cada una de las sesenta y dos Deidades se encuentra su respectivo Ser de Sabiduría, su propia Deidad definitiva.

OM HUM BAM RIM RIM LIM LIM, KAM KHAM GAM GHAM NGAM, TSAM TSHAM DZSAM DZSHAM ÑIAM, TRAM THRAM DRAM DHRAM NAM, TAM THAM DAM DHAM NAM, PAM PHAM BAM BHAM, YAM RAM LAM VAM, SHAM KAM SAM HAM HUM HUM PHET (x7, x21, x100, etc.)

Cuando recitamos este mantra suplicamos al Ser de Sabiduría Buda Heruka y Vajravarahi junto con su séquito de Héroes y Heroínas de las cinco ruedas que pacifiquen nuestro obstáculo de la apariencia equívoca sutil y nos concedan los logros de la Tierra Pura externa de las Dakinis y de la interna. La Tierra Pura externa de las Dakinis es la tierra pura de Keajra; y la interna, es la luz clara significativa. Cuando nuestra mente se libera de la apariencia equívoca sutil, abrimos la puerta por la que podemos ver de manera directa a todas las Deidades iluminadas. Mientras nuestra mente esté contaminada por la apariencia equívoca sutil, esta puerta permanecerá cerrada.

Dedicación

Así pues, que gracias a las virtudes acumuladas al realizar
correctamente las ofrendas, alabanzas, recitaciones y meditaciones
de la etapa de generación del Glorioso Heruka,
complete todas las etapas
de los caminos comunes y extraordinarios.

Que por el beneficio de todos los seres sintientes
me convierta en Heruka
y guíe a todos los seres sintientes
al estado supremo de Heruka.

Y si no logro este supremo estado en esta vida,
que en el momento de la muerte me encuentre con el venerable Padre y Madre junto con su séquito,
con nubes de las más hermosas ofrendas, música celestial
e innumerables augurios excelentes y auspiciosos.

Entonces, que al final de la luz clara de la muerte
sea conducido a la Tierra Pura de Keajra,
la morada de los Sostenedores del Conocimiento que
practican el sendero supremo,
y que allí complete con rapidez este profundo camino.

Que el adiestramiento y las instrucciones más profundos
de Heruka,
practicados por millones de poderosos yoguis, se difundan
ampliamente;
y que permanezcan durante mucho tiempo sin degenerar
como la entrada principal para los que buscan la liberación.

Que los Héroes, las Dakinis y sus séquitos,
que moran en los veinticuatro lugares supremos de
este mundo
y poseen un poder sin obstrucciones para ayudarnos
a realizar este método,
nunca vacilen en asistir a los practicantes.

Oraciones auspiciosas

Que sean favorables los auspicios de un gran tesoro de
bendiciones
que surgen de las excelentes obras de todos los Gurus raíz
y del linaje,
que han realizado el logro supremo de Buda Heruka
siguiendo el excelente sendero secreto del Rey de los
Tantras.

Que sean favorables los auspicios de las grandes y
excelentes obras de las Tres Joyas
–la sagrada Joya del Buda, la naturaleza de Heruka que
lo impregna todo, el Heruka definitivo;
la última y gran Joya secreta del Dharma, las escrituras
y realizaciones del Tantra de Heruka;

y la suprema Joya de la Sangha, las asambleas de las
Deidades del séquito de Heruka–.

Que gracias a la buena fortuna de las preciosas mansiones
celestiales,
vastas como los tres mil mundos
y embellecidas con ornamentos semejantes a los rayos
del sol y de la luna,
todos los mundos y sus habitantes disfruten de felicidad,
bondad, gloria y prosperidad.

Oraciones de la tradición virtuosa

Para que la tradición de Yhe Tsongkhapa,
el Rey del Dharma, pueda florecer,
que todos los obstáculos sean pacificados
y que abunden las condiciones favorables.

Que gracias a las dos acumulaciones, mías y de otros,
reunidas durante los tres tiempos,
pueda la doctrina del Vencedor Losang Dragpa
brillar para siempre.

Oración de nueve versos de *Migtsema*

Tsongkhapa, corona de los eruditos de la Tierra
de las Nieves,
eres Buda Shakyamuni y Vajradhara, fuente de todas
las realizaciones,
Avalokiteshvara, tesoro de compasión inconcebible,
Manyhushri, suprema sabiduría inmaculada,
y Vajrapani, destructor de la multitud de maras.
¡Oh, venerable Guru Buda!, síntesis de las Tres Joyas,
con respeto, con mi cuerpo, palabra y mente, te suplico;
bendícenos a mí y a los demás seres para que nos liberemos
y realicemos,
y concédenos las realizaciones comunes y supremas. (x3)

Yoga conciso de las seis sesiones

Las personas que han recibido una iniciación del tantra del yoga supremo tienen el compromiso de realizar el yoga de las seis sesiones. Si estamos muy ocupados, podemos cumplir con nuestro compromiso de las seis sesiones realizando seis veces cada día la práctica siguiente: primero recordamos los diecinueve compromisos de las cinco familias de Budas y, a continuación, con una fuerte determinación de guardar estos compromisos con pureza, recitamos el Yoga conciso de las seis sesiones.

LOS DIECINUEVE COMPROMISOS DE LAS CINCO FAMILIAS DE BUDAS

Los seis compromisos de la familia de Buda Vairochana

1. Refugiarse en Buda.
2. Refugiarse en el Dharma.
3. Refugiarse en la Sangha.
4. Abstenerse de cometer acciones perjudiciales.
5. Practicar la virtud.
6. Beneficiar a los demás.

Los cuatro compromisos de la familia de Buda Akshobya

1. Guardar un vajra para recordar que hemos de hacer hincapié en desarrollar el gran gozo por medio de la meditación en el canal central.

2. Guardar una campana para recordar que hemos de hacer hincapié en la meditación en la vacuidad.
3. Generarse uno mismo como la Deidad comprendiendo que las cosas que normalmente percibimos no existen.
4. Confiar con sinceridad en nuestro Guía Espiritual, que nos guía hacia la práctica de la disciplina moral pura de los votos pratimoksha, del Bodhisatva y tántricos.

Los cuatro compromisos de la familia de Buda Ratnasambhava

1. Dar ayuda material.
2. Dar Dharma.
3. Dar protección.
4. Dar amor.

Los tres compromisos de la familia de Buda Amitabha

1. Confiar en las enseñanzas del sutra.
2. Confiar en las enseñanzas de las dos clases inferiores del tantra.
3. Confiar en las enseñanzas de las dos clases superiores del tantra.

Los dos compromisos de la familia de Buda Amoghasidhi

1. Hacer ofrendas a nuestro Guía Espiritual.
2. Esforzarse por guardar con pureza todos los votos prometidos.

YOGA CONCISO DE LAS SEIS SESIONES

En el Guru y en las Tres Joyas me refugio.
Con un vajra y una campana me genero como la Deidad
y hago ofrendas.
Confío en los Dharmas del sutra y del tantra y me abstengo
de cometer acciones perjudiciales.
Practico todos los Dharmas virtuosos y ayudo a los seres
migratorios con las cuatro prácticas del dar.

Los diecinueve compromisos están contenidos en esta oración. El verso «En el Guru y en las Tres Joyas me refugio» contiene los tres primeros compromisos de la familia de Buda Vairochana –refugiarse en Buda, refugiarse en el Dharma y refugiarse en la Sangha–. La palabra «Guru» se refiere al cuarto compromiso de la familia de Buda Akshobya –confiar con sinceridad en nuestro Guía Espiritual–.

La frase «Con un vajra y una campana me genero como la Deidad» se refiere a los tres primeros compromisos de la familia de Buda Akshobya –guardar un vajra para recordar el gran gozo, guardar una campana para recordar la vacuidad y generarse uno mismo como la Deidad–. Las palabras «y hago ofrendas» se refieren al primer compromiso de la familia de Buda Amoghasidhi –hacer ofrendas a nuestro Guía Espiritual–.

La frase «Confío en los Dharmas del sutra y del tantra» se refiere a los tres compromisos de la familia de Buda Amitabha –confiar en las enseñanzas del sutra, confiar en las enseñanzas de las dos clases inferiores del tantra y confiar en las enseñanzas de las dos clases superiores del tantra–. Las palabras «y me abstengo de cometer acciones perjudiciales» contienen el cuarto compromiso de la familia de Buda Vairochana –abstenerse de cometer acciones perjudiciales–.

«Practico todos los Dharmas virtuosos» se refiere al quinto compromiso de la familia de Buda Vairochana –practicar la virtud–. Las palabras «ayudo a los seres migratorios» contienen el sexto compromiso de la familia de Buda Vairochana –beneficiar a los demás–. Las palabras «con las cuatro prácticas del dar» se refieren a los cuatro compromisos de la familia de Buda Ratnasambhava –dar ayuda material, dar Dharma, dar protección y dar amor–.

Finalmente, la oración completa se refiere al segundo compromiso de la familia de Buda Amoghasidhi –esforzarse por guardar con pureza todos los votos prometidos–.

Para un comentario más detallado de los votos y compromisos del mantra secreto véase Caminos y planos tántricos.

Colofón: Esta sadhana –ritual de oraciones para alcanzar realizaciones espirituales– ha sido recopilada a partir de fuentes tradicionales por el venerable Gueshe Kelsang Gyatso Rimpoché y traducida bajo su compasiva guía, junio del 2009, y revisada en abril del 2010 y en diciembre del 2012.

Apéndice 8

Ofrenda al Guía Espiritual

UNA MANERA ESPECIAL DE CONFIAR
EN NUESTRO GUÍA ESPIRITUAL

Recopilada por
Lama Losang Chokyi Gyaltsen

Introducción

La *Ofrenda al Guía Espiritual*, en tibetano *Lama Chopa*, es un yoga especial del Guru Yhe Tsongkhapa en combinación con el tantra del yoga supremo. Fue recopilado por el primer Panchen Lama, Lama Chokyi Gyaltsen, como práctica preliminar para el Mahamudra vajrayana. La práctica principal en este yoga es confiar en el Guía Espiritual, pero contiene además todas las instrucciones esenciales de las etapas del camino (tib.: *Lamrim*) y del adiestramiento de la mente (tib.: *Loyong*), así como las relativas a las etapas de generación y de consumación del tantra del yoga supremo.

La esencia del yoga del Guru es generar la firme convicción de que nuestro Guía Espiritual es un Buda, postrarnos ante él o ella, hacerle ofrendas y súplicas sinceras, y luego recibir sus profundas bendiciones. En el yoga del Guru de la *Ofrenda al Guía Espiritual* generamos la convicción de que la naturaleza de nuestro Guía Espiritual es la misma que la de Yhe Tsongkhapa, emanación de Manyhushri, el Buda de la Sabiduría.

Al confiar en Yhe Tsongkhapa, nuestra compasión, sabiduría y poder espiritual aumentan de manera natural. En particular, puesto que Yhe Tsongkhapa es una emanación de Manyhushri, el Buda de la Sabiduría, sus devotos seguidores aumentan su sabiduría sin dificultad. De la práctica de la *Ofrenda al Guía Espiritual* se derivan muchos otros beneficios que se explican en el libro *Gran tesoro de méritos*, en el que se presenta un comentario completo de la sadhana.

La *Ofrenda al Guía Espiritual* puede practicarse a diario en privado, pero los días 10 y 25 de cada mes son especiales y en estas fechas suele recitarse en grupo junto con el ofrecimiento del *tsog*. En los centros de budismo kadampa, el ofrecimiento del tsog que se realiza el día 10 es para hacer hincapié en la acumulación de méritos, que se dedican a la larga vida de nuestro Guía Espiritual; y el día 25 es para recalcar el logro de las realizaciones de las etapas del camino. En cada uno de estos días el orden de las oraciones es diferente y se indica en las notas en cursiva que aparecen intercaladas en el texto.

Gueshe Kelsang Gyatso,
1985.

Lama Losang Tubuang Doryhechang

Ofrenda al Guía Espiritual

Refugio

Con una mente de absoluta pureza y gran virtud,
yo y todos los maternales seres sintientes, infinitos como
el espacio,
nos refugiamos en el Guru y en las Tres Gemas Preciosas,
de ahora en adelante hasta que alcancemos la iluminación.

Namo Gurubhe
Namo Budaya
Namo Dharmaya
Namo Sanghaya (x3)

Generación de la bodhichita aspirante

Por el beneficio de todos los maternales seres sintientes voy a convertirme en la Deidad Maestra y, entonces, conduciré a todo ser sintiente al estado supremo de la Deidad Maestra. (x3)

Generación de la bodhichita comprometida

Por el beneficio de todos los maternales seres sintientes voy a alcanzar en esta misma vida, lo antes posible, el estado de la Deidad Maestra, el Buda primordial.

Voy a liberar a todos los maternales seres sintientes de su sufrimiento y a conducirlos al gran gozo del estado de Buda. Por lo tanto, voy a practicar el profundo camino del yoga de la Deidad Maestra.

Ahora puedes realizar la autogeneración concisa de tu Deidad personal.

Autogeneración como la Deidad

Del estado del gran gozo aparezco como la Deidad Maestra.

Purificación del entorno y de sus habitantes

De mi cuerpo irradio rayos de luz
que bendicen todos los mundos y a los seres de las diez
direcciones.
Todo se convierte en una exquisita gala
de cualidades puras e inmaculadas.

Bendición de las ofrendas

OM AH HUM (x3)

Inconcebibles nubes de ofrendas externas, internas y secretas, sustancias de compromiso y espléndidos ofrecimientos de la naturaleza de la sabiduría excelsa, bajo el aspecto de la ofrenda interna y de cada una de las sustancias presentadas, sirven como los objetos de deleite de los seis sentidos e inducen la especial sabiduría excelsa del gozo y la vacuidad, cubriendo toda la tierra y llenando el espacio entero.

Visualización del campo de méritos

En el vasto espacio del gozo y la vacuidad inseparables, en medio de onduladas nubes de ofrendas de Samantabhadra, se alza el árbol que concede todos los deseos y colma todas las aspiraciones, embellecido por completo con sus frutos, flores y hojas. En su copa, sobre un resplandeciente trono de joyas sostenido por leones, sobre un asiento de loto, luna y sol, se sienta mi Guru raíz, bondadoso de los tres modos, la esencia misma de todos los Budas. Muestra el aspecto de un monje con la ordenación completa, tiene un rostro y dos brazos y una sonrisa radiante. Su mano derecha está en la posición del mudra de exponer el Dharma, y con su izquierda, en el mudra de la meditación estabilizada, sostiene un cuenco lleno de néctar. Viste los tres hábitos de brillante azafrán y su cabeza está adornada con un sombrero dorado de Pandita. En su corazón está Buda Shakyamuni, y en el suyo, Vajradhara, cuyo cuerpo es de color azul, tiene un rostro y dos brazos. Sostiene un vajra y una campana, abraza a Yingchugma y se deleita en el juego del gozo espontáneo y la vacuidad. Está adornado con varios tipos de ornamentos de joyas y viste ropas de seda celestial. Dotado con los símbolos nobles y marcas ejemplares, resplandeciente con millares de rayos de luz, mi Guru está en medio de una aureola de arcoíris de cinco colores. Sentado en la postura vajra, sus agregados completamente puros son los cinco Sugatas, sus cuatro elementos son las cuatro Madres, y sus fuentes, venas y articulaciones son, en realidad, Bodhisatvas. Sus poros son los veintiún mil Arjats y sus miembros son las Deidades coléricas. Sus rayos de luz son los guardianes direccionales, como los dispensadores del mal y los que se alimentan de olores, y bajo su trono se encuentran los seres mundanos. A su alrededor se hallan, de forma sucesiva, la asamblea de los Gurus del linaje, Yidams, multitudes de Deidades del mandala, Budas, Bodhisatvas, Héroes, Dakinis y Protectores del Dharma. Sus tres puertas están marcadas con los tres vajras. Atrayentes rayos de luz irradian de sus sílabas HUM e invitan a los Seres de Sabiduría de sus moradas naturales para que se unan a ellos de manera inseparable.

Invocación a los Seres de Sabiduría

Vosotros, que sois la fuente de toda felicidad y bondad,
los Gurus raíz y del linaje de los tres tiempos, los Yidams
y las Tres Gemas Preciosas,
junto con la asamblea de Héroes, Dakinis, Dharmapalas
y Protectores,
por vuestra compasión, por favor, acudid a este lugar
y permaneced estables.

A pesar de que los fenómenos son por naturaleza libres
por completo del ir y del venir,
os mostráis según las disposiciones de los diferentes
discípulos
y realizáis obras iluminadas con compasión y sabiduría;
¡oh, Sagrado Refugio y Protector!, acudid, por favor, a este
lugar junto con vuestros séquitos.

OM GURU BUDDHA BODHISATTO DHARMAPALA
SAPARIUARE EH HAYE HI: DZSA HUM BAM HO
Los Seres de Sabiduría devienen inseparables de los Seres
de Compromiso.

Postración al Guía Espiritual como el Cuerpo de Deleite

Guía Espiritual con una forma cual gema,
con tu compasión concedes en un instante
incluso el estado supremo de los tres cuerpos, la esfera
del gran gozo,
¡oh, Sostenedor del Vajra!, a tus pies de loto me postro.

Postración al Guía Espiritual como el Cuerpo de Emanación

Sabiduría excelsa de los infinitos Vencedores
que con tu destreza suprema te manifiestas adaptándote
a los discípulos,
ahora asumes la forma de un monje con los hábitos
azafranados,
¡oh, Sagrado Refugio y Protector!, a tus pies de loto me
postro.

Postración al Guía Espiritual como el Cuerpo de la Verdad

Abandono de todas las faltas y de sus impresiones,
tesoro precioso de innumerables cualidades
y única puerta de todo beneficio y felicidad,
¡oh, venerable Guía Espiritual!, a tus pies de loto me postro.

Postración a los Guías Espirituales como la síntesis de las Tres Joyas

Esencia de todos los Budas Maestros y Deidades,
fuente de las ochenta y cuatro mil clases de Dharmas
sagrados,
los principales de toda la Asamblea Superior,
¡oh, Bondadosos Guías Espirituales!, a vuestros pies de loto
me postro.

Postración a los Gurus del linaje y a las Tres Joyas

Ante los Gurus que residen en los tres tiempos y en las diez
direcciones,
ante las Tres Gemas Supremas y todos los demás objetos
de veneración,

me postro con fe y respeto, con un coro melodioso
de alabanzas
y con tantos cuerpos emanados como átomos hay
en el mundo.

Ofrecimiento de las ofrendas externas y de los cinco objetos de deseo

¡Oh, Guru, Refugio y Protector, junto con tu séquito!,
os ofrezco extensas nubes de diferentes ofrendas:

los néctares purificadores de las cuatro aguas que manan
con suavidad
de amplios y radiantes recipientes adornados con joyas
y dispuestos a la perfección;

flores hermosas, pétalos y guirnaldas decoradas con
elegancia,
que cubren la tierra y llenan el cielo;

el humo, azul como el lapislázuli, de incienso fragante
que ondula en los cielos como las azuladas nubes
de verano;

la luz alegre del sol y de la luna, joyas brillantes y una vasta
magnificencia de lámparas
que disipan la oscuridad de los tres mil mundos;

exquisito perfume con aromas de alcanfor, madera
de sándalo y azafrán,
en un vasto océano arremolinado que se extiende hasta
el horizonte;

bebidas y alimentos nutritivos dotados de cien sabores
y deliciosos manjares divinos y humanos en un cúmulo
alto como una montaña;

instrumentos musicales de una variedad sin límites,
melodías armoniosas que llenan los tres mundos;

encantadoras portadoras de formas, sonidos, olores, sabores y objetos del tacto
–las Diosas de los disfrutes externos e internos, que llenan todas las direcciones–.

Ofrecimiento del mandala

¡Oh, Tesoro de Compasión, mi Refugio y Protector, campo de méritos de suprema perfección!,
con una mente de devoción te ofrezco
mil millones de la Gran Montaña, los cuatro continentes,
las siete posesiones reales, mayores y menores, y demás obsequios,
una colección de mundos y seres perfectos que inducen todos los gozos,
un gran tesoro de los deseados deleites divinos y humanos.

Ofrecimiento de la práctica espiritual

¡Oh, venerable Guru!, te ofrezco estos agradables jardines,
materialmente dispuestos y emanados de mi mente, a las orillas de un mar que colma todos los deseos,
del cual, de las blancas y puras virtudes del samsara y del nirvana,
surgen las sustancias de ofrendas de amplios lotos de mil pétalos que deleitan las mentes de todos;
en donde mis propias virtudes y las de los demás, mundanas y supramundanas de las tres puertas,
son las flores que lo colorean todo y desprenden una variedad de fragancias como las ofrendas de Samantabhadra;
y en donde los tres adiestramientos, los cinco caminos y las dos etapas son los frutos.

Ofrenda interna

Te ofrezco este océano de néctar con los cinco ganchos
y las cinco lámparas,
purificado, transformado e incrementado,
junto con una bebida de té excelente
dotado de cientos de sabores, del fulgor del azafrán y de un
delicado aroma.

*En la puyha de larga vida, que se realiza el **día 10 del mes**, en este momento es tradicional hacer una ofrenda de té y para ello se recita la siguiente estrofa:*

El Guru es Buda, el Guru es Dharma,
el Guru es también la Sangha.
El Guru es la fuente de todos los gozos,
a todos los Gurus elevo esta ofrenda.

OM AH HUM (x3)

*Si deseas hacer el ofrecimiento del tsog para hacer hincapié en la acumulación de gran mérito, como en el caso del **día 10 del mes**, has de incluirlo en este momento. El ofrecimiento del tsog se encuentra en la página 222.*

Ofrenda secreta

Te ofrezco los más atractivos mudras ilusorios,
una multitud de mensajeras nacidas de los lugares, nacidas
del mantra y nacidas de forma espontánea,
de cuerpos esbeltos, diestras en las sesenta y cuatro artes
del amor
y con el esplendor de la belleza de su juventud.

Ofrenda de la talidad

Te ofrezco la suprema bodhichita última,
la gran sabiduría excelsa del gozo espontáneo libre
de obstrucciones,
inseparable de la naturaleza de todos los fenómenos,
la esfera libre de conceptos,
sin esfuerzo y más allá de palabras, pensamientos
y expresiones.

Ofrenda de medicinas y de uno mismo como siervo

Te ofrezco las más variadas y mejores medicinas
que destruyen las cuatrocientas cuatro enfermedades
de los engaños,
y a fin de complacerte me ofrezco a mí mismo como
tu siervo;
por favor, mantenme a tu servicio mientras exista
el espacio.

Si lo deseas, ahora puedes recitar el Sutra mahayana de los tres cúmulos superiores.

Si deseas hacer el ofrecimiento del tsog para hacer hincapié en la purificación, has de realizarlo en este momento. *El ofrecimiento del tsog se encuentra en la página 222.*

Confesión

En presencia de los grandes Seres Compasivos, con una
actitud de sincero arrepentimiento,
confieso todas las acciones perjudiciales e indebidas que,
desde tiempo sin principio,
he cometido, he ordenado cometer o de las que me he
regocijado;
y prometo que, de ahora en adelante, no las volveré a
cometer.

Regocijo

A pesar de que los fenómenos carecen de todo signo
de existencia inherente,
desde lo más profundo de mi corazón me regocijo
de toda la felicidad y de las blancas y puras virtudes –
semejantes a un sueño–,
de los seres ordinarios y Superiores.

Súplica para que gire la Rueda del Dharma

De las miríadas de nubes onduladas de tu sublime
sabiduría y compasión,
envía, por favor, una lluvia de vasto y profundo Dharma,
para que en el jardín de los jazmines del bien y de la
felicidad
haya crecimiento, sustento y prosperidad para todos los
seres sintientes.

Súplica al Guía Espiritual para que no pase al más allá

En la puyha de larga vida, que se realiza el ***día 10 del mes****, en este momento es tradicional hacer un ofrecimiento especial del mandala (véase la página 233), recitar las oraciones especiales para la larga vida del Guía Espiritual y repetir la siguiente estrofa tres veces:*

A pesar de que tu cuerpo vajra no está sometido al
nacimiento ni a la muerte,
suplicamos al recipiente del gran Rey de la Unión
que permanezca inmutable conforme a nuestros deseos,
sin pasar al más allá hasta el final del samsara.

Dedicación

Dedico todas las blancas y puras virtudes que he
acumulado ahora,
para que en todas mis vidas nunca me separe del venerable
Guru, que es bondadoso de los tres modos;
que esté siempre bajo su amoroso cuidado
y alcance la Unión de Vajradhara.

En este momento es tradicional recitar la oración de nueve versos de Migtsema:

Oración de nueve versos de *Migtsema*

Tsongkhapa, corona de los eruditos de la Tierra
de las Nieves,
eres Buda Shakyamuni y Vajradhara, fuente de todas
las realizaciones,
Avalokiteshvara, tesoro de compasión inconcebible,
Manyhushri, suprema sabiduría inmaculada,
y Vajrapani, destructor de la multitud de maras.
¡Oh, venerable Guru Buda!, síntesis de las Tres Joyas,
con respeto, con mi cuerpo, palabra y mente, te suplico;
bendícenos a mí y a los demás seres para que nos liberemos
y realicemos,
y concédenos las realizaciones comunes y supremas. (x3)

Si deseas hacer el ofrecimiento del mandala junto con las tres grandes súplicas, puedes realizarlo ahora. El ofrecimiento del mandala se encuentra en la página 231.

Si deseas recibir bendiciones para alcanzar las realizaciones del Mahamudra, puedes recitar también las «Oraciones de súplica a los Gurus del linaje del Mahamudra» o «El significado conciso del camino rápido vajrayana» o ambas, que se encuentran en el comentario Gran tesoro de méritos.

Súplica recordando sus cualidades tal como se exponen en las escrituras del vinaya

Gran océano de disciplina moral, fuente de todas las
cualidades,
rebosante de un tesoro de joyas de tu extenso aprendizaje,
Segundo Buda, venerable monje de hábitos azafranados,
¡oh, Magno Sostenedor del vinaya!, a ti te elevo mis
súplicas.

Súplica recordando sus cualidades como Guía Espiritual mahayana

Tú, que posees las diez cualidades
de un auténtico maestro del camino de los Sugatas,
Señor del Dharma, representación de todos los Vencedores,
¡oh, Guía Espiritual mahayana!, a ti te elevo mis súplicas.

Súplica recordando sus cualidades como Guía Espiritual vajrayana

Tus tres puertas están controladas por completo; dotado
de gran sabiduría y paciencia,
careces de pretensión o falacia, estás bien versado
en los mantras y en el tantra,
posees las dos clases de diez cualidades y eres diestro
en el dibujo y la explicación,
¡oh, Sostenedor Principal del Vajra!, a ti te elevo mis
súplicas.

Súplica recordando que es más bondadoso que todos los Budas

A los seres toscos de estos tiempos impuros, que al ser
tan difíciles de adiestrar,

no fueron subyugados por los innumerables Budas
de antaño,
revelas sin error el camino excelente de los Sugatas;
¡oh, Protector y Refugio Compasivo!, a ti te elevo mis
súplicas.

Súplica recordando que es más bondadoso que el mismo Buda Shakyamuni

Ahora, cuando el sol de Buda ha entrado en el ocaso,
realizas con exactitud las mismas obras que las de un
Vencedor,
para los innumerables seres migratorios sin protección
ni amparo;
¡oh, Protector y Refugio Compasivo!, a ti te elevo mis
súplicas.

Súplica recordando que es un campo supremo de méritos

Incluso un solo poro de tu piel es nuestro objeto de
alabanza
y campo de méritos superior a todos los Vencedores
de los tres tiempos y de las diez direcciones;
¡oh, Protector y Refugio Compasivo!, a ti te elevo mis
súplicas.

Súplica expresando sus cualidades externas

Del juego de tus poderes sobrenaturales y medios diestros,
las ruedas ornamentales de tus tres Cuerpos Sugatas
aparecen bajo un aspecto ordinario para guiar a los seres
migratorios;
¡oh, Protector y Refugio Compasivo!, a ti te elevo mis
súplicas.

Súplica expresando sus cualidades internas

Tus agregados, elementos, fuentes y miembros
son por naturaleza los Padres y Madres de las cinco familias de Budas,
los Bodhisatvas y las Deidades Coléricas;
¡oh, Guía Espiritual, naturaleza de las Tres Joyas!, a ti te elevo mis súplicas.

Súplica expresando sus cualidades secretas

Eres la esencia de los diez millones de círculos de mandalas
que surgen del estado de la omnisciente sabiduría excelsa;
Sostenedor Principal del Vajra, que manifiestas las cien familias por doquier,
¡oh, Protector de la Unión Primordial!, a ti te elevo mis súplicas.

Súplica expresando sus cualidades de la talidad

Naturaleza impregnada de todos los fenómenos estables y en movimiento,
inseparable de la experiencia del gozo espontáneo sin obstrucciones;
con total bondad, desde un principio libre de todo extremo,
¡oh, bodhichita última y verdadera!, a ti te elevo mis súplicas.

Súplica de apremio

Tú eres el Guru, el Yidam, el Daka y el Protector del Dharma;
desde ahora hasta que alcance la iluminación no buscaré otro refugio más que tú.

En esta vida, en el bardo y hasta el final de mis vidas,
por favor, sujétame con el gancho de tu compasión,
libérame de los miedos del samsara y de la paz [solitaria],
concédeme todas las realizaciones, sé mi compañero
constante y protégeme de todos los obstáculos. (x3)

Bendiciones de las cuatro iniciaciones

Tras haber suplicado tres veces de este modo, rayos de luz y néctar de color blanco, rojo y azul irradian de manera sucesiva y al mismo tiempo, de los lugares del cuerpo, palabra y mente de mi Guru y se disuelven en mis tres lugares. Purifican mis cuatro obstrucciones y recibo las cuatro iniciaciones. Alcanzo los cuatro cuerpos y con deleite una emanación de mi Guru se disuelve en mí y me bendice.

En este momento medita brevemente sobre las bendiciones de las cuatro iniciaciones tal como se explica en el comentario. A continuación imagina que una emanación de Lama Losang Tubuang Doryhechang viene a tu coronilla, entra por tu canal central y desciende hasta tu corazón. Imagina que tu cuerpo, palabra, y mente sutiles se funden de manera inseparable con el cuerpo, palabra y mente de tu Guía Espiritual; medita en este sentimiento especial de gozo durante un tiempo. Después recita los mantras según el comentario.

El ***día 25 del mes****, en este momento es tradicional hacer una ofrenda de té y para ello se recita la siguiente estrofa:*

El Guru es Buda, el Guru es Dharma,
el Guru es también la Sangha.
El Guru es la fuente de todos los gozos,
a todos los Gurus elevo esta ofrenda.

OM AH HUM (x3)

Si deseas realizar el ofrecimiento del tsog para acentuar el logro rápido de las realizaciones de las etapas del camino, como en el ***día 25 del mes****, has de incluirlo en este momento. El ofrecimiento del tsog se encuentra en la página 222.*

Si deseas realizar el ofrecimiento del mandala extenso para rogar las realizaciones de las etapas del camino, como en el ***día 25 del mes****, puedes hacerlo ahora. El ofrecimiento del mandala se encuentra en la página 231.*

Oración de súplica de las etapas del camino

Confianza en el Guía Espiritual, la raíz del camino espiritual

Debido al poder de mis ofrendas y fervorosas súplicas
al venerable Guía Espiritual, el sagrado y supremo campo de méritos,
ruego tus bendiciones, ¡oh, Protector!, raíz de toda bondad y alegría,
para que, complacido, cuides de mí con tu afectuoso amor.

Generación de la aspiración de extraer la esencia de la existencia humana

Comprendo que estos dones y libertades, que solo se encuentran una vez,
son difíciles de obtener y decaen con mucha rapidez;
ruego tus bendiciones para realizar su significado esencial
sin distraerme con las actividades sin sentido de esta vida.

Método para alcanzar la felicidad de los estados superiores en las vidas futuras

Con temor a los fuegos ardientes de los sufrimientos de las malas migraciones,

desde lo más profundo de mi corazón me refugio
en las Tres Joyas,
y ruego tus bendiciones para que me esfuerce con
sinceridad
en abandonar las acciones indebidas y practicar todas
las virtudes.

Generación del deseo de alcanzar la liberación

Zarandeado con violencia por las olas de los engaños
y del karma,
y atormentado por los monstruos marinos de los tres
sufrimientos,
ruego tus bendiciones para generar el deseo sincero
de alcanzar la liberación
del temible e inmenso océano del samsara.

Cómo practicar el camino que conduce a la liberación

Rechazo la mente que considera esta insoportable
prisión del samsara como un jardín placentero,
y ruego tus bendiciones para alzar la bandera victoriosa
de la liberación
manteniendo los tres adiestramientos superiores y las
riquezas de los Seres Superiores.

Cómo generar la gran compasión, el fundamento del mahayana

Al contemplar cómo estos lastimosos seres migratorios
son mis madres,
que con bondad me han amado una y otra vez,
ruego tus bendiciones para generar una compasión
espontánea,
como la que siente una madre por su querido hijo.

Igualarse uno mismo con los demás

No hay diferencia entre yo y los demás
porque nadie desea el menor de los sufrimientos
ni nadie se contenta con la felicidad que posee;
comprendiendo esto, ruego tus bendiciones para hacer
felices con alegría a los demás.

Los peligros de la estimación propia

Comprendo que esta enfermedad crónica de quererme
a mí mismo
es la causa que produce el sufrimiento que no deseo,
y ruego tus bendiciones para destruir este gran demonio
del egoísmo,
que repudio como el objeto de culpa.

Los beneficios de estimar a los demás

Comprendo que la mente que estima a los maternales seres
y asegura su felicidad
es la entrada que conduce a infinitas cualidades,
y ruego tus bendiciones para amar a estos seres más que
a mi propia vida,
aunque se subleven contra mí como mis enemigos.

Cambiarse uno mismo por los demás

En resumen, ya que la persona pueril se preocupa solo
por sí mismo,
mientras que los Budas trabajan solo por el beneficio
de los demás seres,
ruego tus bendiciones para distinguir entre sus faltas
y beneficios
y poder así cambiarme por los demás.

Puesto que estimarme a mí mismo es la puerta de todas
las faltas
y estimar a los maternales seres es el fundamento de todas
las cualidades,
ruego tus bendiciones para considerar
el yoga de cambiarse uno mismo por los demás como
mi práctica esencial.

Tomar y dar

Por lo tanto, ¡oh, compasivo y venerable Guru!, ruego tus
bendiciones
para que todo el sufrimiento, faltas y obstrucciones de los
maternales seres sintientes
maduren ahora mismo en mí;
y que, al ofrecer mi dicha y virtudes a los demás,
todos los seres migratorios disfruten de felicidad. (x3)

Adiestramiento de la mente, puntos tercero al séptimo

A pesar de que el mundo y sus habitantes estén saturados
con los frutos del mal,
y el sufrimiento indeseable caiga como la lluvia,
esta es la oportunidad de consumir los efectos de las
acciones indebidas;
comprendiéndolo, ruego tus bendiciones para transformar
las condiciones adversas en el camino.

En resumen, ya sean las condiciones favorables o
desfavorables,
ruego tus bendiciones para transformarlas en el camino
que mejora las dos bodhichitas
por medio de la práctica de las cinco fuerzas, la esencia
de todos los Dharmas,
y pueda así mantener siempre una mente feliz.

Ruego tus bendiciones para hacer el mejor uso de estos dones y libertades
aplicando de inmediato la meditación a todo lo que encuentre
con los diestros medios de las cuatro preparaciones
y con la práctica de los compromisos y preceptos del adiestramiento de la mente.

Cómo meditar en la intención superior y generar la bodhichita

Por medio del amor, la compasión e intención superior
y el mágico ejercicio de montar el tomar y dar sobre la respiración,
ruego tus bendiciones para generar la verdadera bodhichita
a fin de liberar a todos los seres migratorios de este gran océano del samsara.

Cómo tomar los votos de las bodhichitas aspirante y comprometida

Ruego tus bendiciones para esforzarme con sinceridad en el único camino
recorrido por todos los Vencedores de los tres tiempos
–el sometimiento de mi mente a los puros votos del Bodhisatva
y el cumplimiento de las tres disciplinas morales del mahayana–.

En este momento se sacan fuera las sustancias sobrantes para los espíritus. *Véanse las páginas 228-229.*

Cómo practicar la perfección de la generosidad

Ruego tus bendiciones para completar la perfección
de la generosidad
por medio de las instrucciones para mejorar la mente
de dar sin apego,
y poder así transformar mi cuerpo, disfrutes y virtudes
acumuladas durante los tres tiempos
en todo aquello que los seres sintientes deseen.

Cómo practicar la perfección de la disciplina moral

Ruego tus bendiciones para completar la perfección
de la moralidad,
evitando la transgresión, aunque mi vida peligre,
de los votos pratimoksha, del Bodhisatva y del mantra
secreto,
acumulando Dharmas virtuosos y logrando el bienestar
de los seres sintientes.

Cómo practicar la perfección de la paciencia

Ruego tus bendiciones para completar la perfección
de la paciencia,
de modo que aunque todos los seres de los tres reinos
con odio abusaran de mí, me criticaran, amenazaran
o hasta me quitaran la vida,
imperturbable, corresponda a su daño con mi ayuda.

Cómo practicar la perfección del esfuerzo

Ruego tus bendiciones para completar la perfección
del esfuerzo,
para afanarme con compasión invariable por alcanzar
la iluminación suprema,

aunque tenga que permanecer durante muchos eones,
por el beneficio de cada ser, entre los fuegos del más
profundo de los infiernos.

Cómo practicar la perfección de la estabilización mental

Ruego tus bendiciones para completar la perfección
de la estabilización mental,
para abandonar las faltas del hundimiento, excitación
y divagación mentales,
y concentrarme en absorción convergente
en el estado de la falta de existencia verdadera de todos
los fenómenos.

Cómo practicar la perfección de la sabiduría manteniendo la meditación estabilizada semejante al espacio

Ruego tus bendiciones para completar la perfección
de la sabiduría,
por medio del yoga de la meditación estabilizada
semejante al espacio en la verdad última,
con el gran gozo de la flexibilidad
inducida por la sabiduría del análisis individual
de la talidad.

Cómo practicar la perfección de la sabiduría manteniendo el logro subsiguiente semejante a una ilusión

Los fenómenos externos e internos son como ilusiones,
como sueños
y como los reflejos de la luna sobre la claridad de un lago,

porque, a pesar de que se perciben, no existen de manera
verdadera;
comprendiéndolo, ruego tus bendiciones para completar
la concentración semejante a una ilusión.

Cómo adiestrar la mente en la visión profunda del camino medio

Ruego tus bendiciones para realizar el significado
de la intención de Nagaryhuna,
que no hay contradicción, sino solo armonía,
entre la ausencia de tan siquiera un átomo de existencia
inherente en el samsara y en el nirvana
y la infalible relación dependiente de la causa y el efecto.

Transformación de uno mismo en un recipiente apropiado para el camino profundo del mantra secreto y mantenimiento sincero de los votos y compromisos

El océano arremolinado de los tantras
se cruza gracias a la bondad del navegante, el Sostenedor
del Vajra.
Ruego tus bendiciones para cuidar más que a mi propia
vida
los votos y compromisos, la raíz de las realizaciones.

Cómo meditar en la etapa de generación

Ruego tus bendiciones para purificar todas las máculas
de la apariencia y los conceptos ordinarios
y ver todo lo que aparezca como la forma de la Deidad
mediante el yoga de la primera etapa que transforma
el nacimiento,
la muerte y el bardo en los tres cuerpos de los Vencedores.

Cómo practicar la etapa de consumación

Ruego tus bendiciones, ¡oh, Protector!, para que pongas
tus pies
en el centro del loto de ocho pétalos de mi corazón,
para poder manifestar en esta misma vida
los caminos del cuerpo ilusorio, la luz clara y la unión.

Modo de practicar el rito de la transferencia de consciencia si, tras haber practicado la meditación, no se reciben signos

Si a la hora de morir no he completado el camino,
ruego tus bendiciones para poder ir a una tierra pura
por medio de la instrucción de la aplicación correcta
de las cinco fuerzas,
el método supremo de la transferencia a la Budeidad.

Cómo ofrecer oraciones para que nuestro Guía Espiritual nos cuide en las vidas futuras

En resumen, ¡oh, Protector!, ruego tus bendiciones
para que en todas mis vidas
nunca me separe de ti, sino que siempre esté bajo
tu cuidado;
y como el principal de tus discípulos
mantenga todos los secretos de tu cuerpo, palabra y mente.

¡Oh, Protector!, donde sea que te manifiestes como un Buda,
que sea el primero entre tu séquito;
y que todo sea auspicioso para que logre sin esfuerzo
todos los deseos y necesidades, temporales y últimos.

Disolución y absorción del campo de méritos

En la puyha de larga vida, como la que se realiza el ***día 10 del mes****, no se recita la siguiente estrofa:*

Debido a que te he implorado de este modo, ¡oh, Supremo
Guía Espiritual!,
ven complacido, por favor, a mi coronilla y concédeme
tus bendiciones;
y, de nuevo, pon con firmeza tus radiantes pies
en los estambres del loto de mi corazón.

En este momento puedes adiestrarte en la práctica del Mahamudra vajrayana, la meditación en sí de la etapa de consumación, según el comentario.

Dedicación

Dedico todas las blancas y puras virtudes que he
acumulado ahora
para poder cumplir todas las oraciones
de los Sugatas y Bodhisatvas de los tres tiempos
y mantener el sagrado Dharma de escritura y realización.

Que gracias a ello, durante todas mis vidas,
nunca me separe de las cuatro ruedas del vehículo supremo
y pueda así completar los caminos de la renuncia,
bodhichita, visión correcta y las dos etapas del tantra.

Oraciones auspiciosas

Que gracias a todas las blancas y puras virtudes
del samsara y del nirvana,
en lo sucesivo abunde un tesoro celestial de bondad
y alegría temporales y últimas,

libre de las máculas de los malos presagios;
y por ello, que todo sea auspicioso para disfrutar
de un magnífico deleite.

Que los centros de Dharma del omnisciente Losang Dragpa
se llenen de multitudes de Sangha y Yoguis
que se apliquen sin distracciones en la práctica de los tres
adiestramientos puros;
y por ello, que todo sea auspicioso para que la doctrina
de Buda permanezca durante mucho tiempo.

Que con las bendiciones de Losang Dragpa,
que desde su juventud rogaba a la suprema Deidad
Maestra,
logremos sin esfuerzo el bienestar de los demás;
y por ello, que todo sea auspicioso con Losang
Doryhechang.

Que los dones deseados aumenten como un lago en verano,
que obtengamos sin interrupción nacimientos dotados de
libertad en familias sin mácula,
que dediquemos el día y la noche al Dharma sagrado de
Losang;
y por ello, que todo sea auspicioso para disfrutar de un
magnífico deleite.

De ahora en adelante hasta que yo y los demás logremos la
iluminación,
que gracias a las virtudes que hemos creado y vamos a
crear,
que todo sea auspicioso para que la sagrada forma del
venerable Guru
permanezca como un vajra inmutable en este mundo.

Oraciones de la tradición virtuosa

Para que la tradición de Yhe Tsongkhapa,
el Rey del Dharma, pueda florecer,
que todos los obstáculos sean pacificados
y que abunden las condiciones favorables.

Que gracias a las dos acumulaciones, mías y de otros,
reunidas durante los tres tiempos,
pueda la doctrina del Vencedor Losang Dragpa
brillar para siempre.

Oración de nueve versos de *Migtsema*

Tsongkhapa, corona de los eruditos de la Tierra
de las Nieves,
eres Buda Shakyamuni y Vajradhara, fuente de todas
las realizaciones,
Avalokiteshvara, tesoro de compasión inconcebible,
Manyhushri, suprema sabiduría inmaculada,
y Vajrapani, destructor de la multitud de maras.
¡Oh, venerable Guru Buda!, síntesis de las Tres Joyas,
con respeto, con mi cuerpo, palabra y mente, te suplico;
bendícenos a mí y a los demás seres para que nos liberemos
y realicemos,
y concédenos las realizaciones comunes y supremas. (x3)

Ofrecimiento del tsog

Bendición de las sustancias de las ofrendas

OM AH HUM (x3)

Inconcebibles nubes de ofrendas externas, internas y secretas, sustancias de compromiso y espléndidos ofrecimientos de la naturaleza de la sabiduría excelsa, bajo el aspecto de la ofrenda interna y de cada una de las sustancias presentadas, sirven como los objetos de deleite de los seis sentidos e inducen la especial sabiduría excelsa del gozo y la vacuidad, cubriendo toda la tierra y llenando el espacio entero.

EH MA HO Gran manifestación de la sabiduría excelsa.
Todos los reinos son reinos vajras
y todos los lugares son magníficos palacios vajras
dotados de vastas nubes de las ofrendas de Samantabhadra,
una gran abundancia de los disfrutes deseados.
Todos los seres son verdaderos Héroes y Heroínas.
Todo es de una pureza inmaculada,
ni siquiera existe el nombre de la equívoca apariencia impura.

HUM Todos los conceptos se pacifican por completo en el estado del Cuerpo de la Verdad. Con el soplo del viento, el fuego arde. Por encima, sobre un trípode de tres cabezas, AH dentro de un idóneo recipiente de cráneo, OM las sustancias respectivas bullen. Por encima se alzan OM AH HUM, cada una de ellas resplandece con su brillante color. Con el soplo del viento y el ardor del fuego las sustancias

se funden. Hierven y se arremolinan en un gran vapor.
De las tres sílabas irradian multitud de rayos de luz hacia las diez direcciones que invitan a los tres vajras junto con los néctares. Estos se absorben por separado en las tres sílabas, que se disuelven en néctar y se funden en la mezcla.
Purificada, transformada e incrementada,
EH MA HO. Se convierte en un esplendoroso océano de magníficos deleites.

OM AH HUM (x3)

Invitación a los convidados al ofrecimiento del tsog

¡Oh, Gurus raíz y del linaje!, que poseéis la naturaleza de la compasión,
asamblea de Yidams y objetos de refugio, las Tres Gemas Preciosas,
y multitud de Héroes, Dakinis, Protectores del Dharma y Dharmapalas,
os invito, por favor, acudid a este lugar de ofrendas.

Entre las extensas nubes de las ofrendas externas, internas y secretas,
¡oh, Ser de Suprema Plenitud!, con una luz que irradia hasta de tus pies,
permanece firme, por favor, sobre este hermoso trono adornado con joyas
y concede las realizaciones que tanto deseamos.

Ofrenda del tsog

HO Este océano de la ofrenda de tsog de néctar no contaminado,
bendecido con concentración, mantra y mudra,
lo ofrezco para complacer a la asamblea de los Gurus raíz y del linaje.

OM AH HUM
Deleitados con el goce de estos magníficos objetos de deseo,
EH MA HO
conceded, por favor, una gran lluvia de bendiciones.

HO Este océano de la ofrenda de tsog de néctar no contaminado,
bendecido con concentración, mantra y mudra,
lo ofrezco para complacer a la divina asamblea de Yidams y sus séquitos.
OM AH HUM
Deleitados con el goce de estos magníficos objetos de deseo,
EH MA HO
conceded, por favor, una gran lluvia de realizaciones.

HO Este océano de la ofrenda de tsog de néctar no contaminado,
bendecido con concentración, mantra y mudra,
lo ofrezco para complacer a la asamblea de las Tres Joyas Preciosas.
OM AH HUM
Deleitadas con el goce de estos magníficos objetos de deseo,
EH MA HO
conceded, por favor, una gran lluvia de sagrados Dharmas.

HO Este océano de la ofrenda de tsog de néctar no contaminado,
bendecido con concentración, mantra y mudra,
lo ofrezco para complacer a la asamblea de las Dakinis y los Protectores del Dharma.
OM AH HUM
Deleitados con el goce de estos magníficos objetos de deseo,
EH MA HO
conceded, por favor, una gran lluvia de obras virtuosas.

HO Este océano de la ofrenda de tsog de néctar no contaminado,
bendecido con concentración, mantra y mudra,
lo ofrezco para complacer a la asamblea de los maternales seres sintientes.
OM AH HUM
Deleitados con el goce de estos magníficos objetos de deseo,
EH MA HO
que el sufrimiento y las apariencias equívocas sean pacificados.

Ofrecimiento del tsog al maestro vajra

EH MA HO ¡Gran círculo de tsog!
¡Oh, Gran Héroe!, comprendemos
que en el camino de los Sugatas de los tres tiempos
eres la fuente de todas las realizaciones.
Rechazando las mentes de conceptos,
por favor, disfruta siempre de este círculo de tsog.
AH LA LA HO

Respuesta del maestro

OM Con una naturaleza inseparable de los tres vajras
me genero como la Deidad Maestra.
AH De este néctar de sabiduría excelsa y gozo no contaminado,
HUM sin separarlo de la bodhichita,
participo para complacer a las Deidades que residen en mi cuerpo.
AH HO MAHA SUKHA

En este momento es tradición recitar las oraciones especiales de larga vida de nuestro Guía Espiritual.

Canción de la Reina de la Primavera

HUM a todos vosotros, Tathagatas,
Héroes, Yoguinis,
Dakas y Dakinis,
os elevo esta súplica:
¡Oh, Heruka, que te deleitas en el gran gozo!,
entras en la Unión del gozo espontáneo
al atender a la Dama henchida de gozo
y disfrutar según el ritual.
AH LA LA, LA LA HO, AH I AH, AH RA LI HO
Que la asamblea de las inmaculadas Dakinis
nos miren con afectuoso amor y completen todas las obras.

HUM a todos vosotros, Tathagatas,
Héroes, Yoguinis,
Dakas y Dakinis,
os elevo esta súplica:
Con la mente totalmente exaltada por el gran gozo
y el cuerpo en una danza de constante movimiento,
ofrezco a la multitud de Dakinis
el gran gozo del deleite del loto del mudra.
AH LA LA, LA LA HO, AH I AH, AH RA LI HO
Que la asamblea de las inmaculadas Dakinis
nos miren con afectuoso amor y completen todas las obras.

HUM a todos vosotros, Tathagatas,
Héroes, Yoguinis,
Dakas y Dakinis,
os elevo esta súplica:
Vosotros, que danzáis con belleza y armonía,
¡oh, Bienaventurado Protector y multitud de Dakinis!,
acudid aquí, ante mí, por favor, concededme vuestras bendiciones
y otorgadme el gran gozo espontáneo.
AH LA LA, LA LA HO, AH I AH, AH RA LI HO

Que la asamblea de las inmaculadas Dakinis
nos miren con afectuoso amor y completen todas las obras.

HUM a todos vosotros, Tathagatas,
Héroes, Yoguinis,
Dakas y Dakinis,
os elevo esta súplica:
Vosotros, que poseéis el atributo de la liberación del gran gozo,
no digáis que la liberación puede alcanzarse en una vida
siguiendo prácticas ascéticas, abandonando el gran gozo,
sino que, por el contrario, este reside en el centro del loto supremo.
AH LA LA, LA LA HO, AH I AH, AH RA LI HO
Que la asamblea de las inmaculadas Dakinis
nos miren con afectuoso amor y completen todas las obras.

HUM a todos vosotros, Tathagatas,
Héroes, Yoguinis,
Dakas y Dakinis,
os elevo esta súplica:
Como el loto que nace en medio del cenagal,
este método, aunque nace del apego, no está manchado por las faltas del mismo.
¡Oh, Dakini Suprema!, mediante el gozo de tu loto,
por favor, libéranos pronto de la esclavitud del samsara.
AH LA LA, LA LA HO, AH I AH, AH RA LI HO
Que la asamblea de las inmaculadas Dakinis
nos miren con afectuoso amor y completen todas las obras.

HUM a todos vosotros, Tathagatas,
Héroes, Yoguinis,
Dakas y Dakinis,
os elevo esta súplica:
Al igual que los enjambres de abejas por doquier
liban la esencia de la miel de sus orígenes,

asimismo, mediante tu gran loto de seis atributos,
por favor, sácianos con el sabor del gran gozo.
AH LA LA, LA LA HO, AH I AH, AH RA LI HO
Que la asamblea de las inmaculadas Dakinis
nos miren con afectuoso amor y completen todas las obras.

Cuando realices el ofrecimiento del tsog para hacer hincapié en la acumulación de gran mérito, como en la puyha de larga vida que se realiza el ***día 10 del mes****, vuelve a la página 202.*

Cuando realices el ofrecimiento del tsog para acentuar la purificación, vuelve a la página 203.

Cuando realices el ofrecimiento del tsog para acentuar el logro de las realizaciones de las etapas del camino, como en el ***día 25 del mes****, vuelve a la página 210.*

Bendición del resto del tsog

HUM Las equívocas apariencias impuras se purifican
en la vacuidad,
AH gran néctar realizado de la sabiduría excelsa,
OM se convierte en un vasto océano de los deleites deseados.

OM AH HUM (x3)

Ofrecimiento del resto del tsog a los espíritus

HO Este océano de la ofrenda sobrante de tsog de néctar
no contaminado,
bendecido con concentración, mantra y mudra,
lo ofrezco para complacer a la asamblea de los guardianes
comprometidos bajo juramento.
OM AH HUM
Deleitados con el goce de estos magníficos objetos de deseo,
EH MA HO
realizad, por favor, acciones infalibles para ayudar a los
practicantes.

Saca fuera la ofrenda sobrante del tsog para los espíritus.

HO
¡Oh, convidados a las sobras junto con vuestros séquitos!,
disfrutad, por favor, de este océano de la ofrenda sobrante
del tsog.
Que los que difunden la preciosa doctrina,
sus sostenedores, los benefactores y otros devotos,
y, en especial, yo y los demás practicantes,
disfrutemos de buena salud, longevidad, poder, gloria,
renombre, fortuna y abundantes deleites.
Otorgadme, por favor, las realizaciones de las acciones
de pacificación, prosperidad, control y coléricas.
Vosotros, que estáis comprometidos bajo juramento, por
favor, protegedme
y ayudadme a realizar todos los logros.
Eliminad las muertes prematuras, las enfermedades,
los daños causados por los espíritus y las obstrucciones.
Eliminad los malos sueños, malos presagios y malas
acciones.

Que la felicidad abunde en este mundo y que los años
venideros sean buenos,
que las cosechas sean prósperas y el Dharma florezca.
Que reinen la bondad y la alegría,
y que todos los deseos sean colmados.

Que gracias a este acto de espléndida generosidad
me convierta en un Buda para el beneficio de los seres
migratorios,
y que mediante mi generosidad pueda liberar
a todos aquellos que no fueron subyugados por los Budas
del pasado.

Vuelve a la página 215.

Colofón: Esta sadhana o ritual de oraciones para confiar en nuestro Guía Espiritual ha sido traducida bajo la guía compasiva del venerable Gueshe Kelsang Gyatso Rimpoché.

Ofrecimiento del mandala

OM VAJRA BHUMI AH HUM
la grandiosa y poderosa base de oro,
OM VAJRA REKHE AH HUM
rodeada en su confín por el vallado férreo.
En el centro el Monte Meru, rey de las montañas,
y a su alrededor los cuatro continentes:
en el este Purvavideha, en el sur Yhambudipa,
en el oeste Aparagodaniya, y en el norte Utarakuru.
Cada uno tiene dos subcontinentes:
Deha y Videha, Tsamara y Abatsamara,
Satha y Utaramantrina, Kurava y Kaurava.
La montaña de joyas, el árbol que colma los deseos,
la vaca que colma los deseos y la cosecha sin cultivar.
La rueda preciosa, la joya preciosa,
la reina preciosa, el ministro precioso,
el elefante precioso, el supremo caballo precioso,
el general precioso y la gran vasija de los tesoros.
La diosa de la belleza, la diosa de las guirnaldas,
la diosa de la música, la diosa de la danza,
la diosa de las flores, la diosa del incienso,
la diosa de la luz y la diosa del perfume.
El sol y la luna, la sombrilla preciosa
y la bandera de la victoria en todas las direcciones.
En el centro, todos los tesoros humanos y divinos.
Esta magnífica colección que no carece de nada
os la ofrezco a ti, mi bondadoso maestro raíz, a los maestros
del linaje

y a todos los gloriosos y sagrados Gurus,
y en especial a ti, Lama Losang Tubuang Doryhechang
y a tu séquito.
Aceptadla con compasión por los seres migratorios
y, tras haberla aceptado, conceded, por favor, con gran
compasión,
vuestras bendiciones a todos los seres que llenan el espacio.

Os ofrezco esta base con flores y ungida de incienso,
con el Monte Meru, los cuatro continentes, el sol y la luna,
percibida como una tierra pura de Buda.
Que todos los seres puedan disfrutar de una tierra pura.

Aceptad, por favor, los objetos de mi apego, odio
e ignorancia,
mi amigo, enemigo y desconocido, así como mi cuerpo
y posesiones,
que sin sentimiento de pérdida os ofrezco.
Y bendecidme para que me libere de los tres venenos
mentales.

IDAM GURU RATNA MANDALAKAM NIRIATAYAMI

*Si has realizado el ofrecimiento del mandala para suplicar las realizaciones de las etapas del camino, como en el **día 25 del mes**, vuelve a la página 210.*

Si has realizado el ofrecimiento del mandala junto con las tres grandes súplicas, vuelve a la página 206.

Ofrecimiento del mandala al maestro espiritual para que permanezca junto a nosotros

Primero, la persona que dirige el canto recita la siguiente introducción:

¡Oh, glorioso y sagrado maestro!, tu naturaleza es inseparable de la del Gran Vencedor, Vajradhara que se manifiesta por doquier, Señor de un océano de mandalas y linajes, dotado del significado de los símbolos supremos, gran Guía Espiritual de bondad incomparable, Gueshe Kelsang Gyatso Rimpoché, en tu presencia elevamos esta ofrenda del mandala para suplicarte que permanezcas junto a nosotros con una longevidad de cien mil eones por el beneficio de la doctrina y de los seres migratorios.

Ahora todos recitan el mandala:

OM VAJRA BHUMI AH HUM
la grandiosa y poderosa base de oro,
OM VAJRA REKHE AH HUM
rodeada en su confín por el vallado férreo.
En el centro el Monte Meru, rey de las montañas,
y a su alrededor los cuatro continentes:
en el este Purvavideha, en el sur Yhambudipa,
en el oeste Aparagodaniya, y en el norte Utarakuru.
Cada uno tiene dos subcontinentes:
Deha y Videha, Tsamara y Abatsamara,
Satha y Utaramantrina, Kurava y Kaurava.

La montaña de joyas, el árbol que colma los deseos,
la vaca que colma los deseos y la cosecha sin cultivar.
La rueda preciosa, la joya preciosa,
la reina preciosa, el ministro precioso,
el elefante precioso, el supremo caballo precioso,
el general precioso y la gran vasija de los tesoros.
La diosa de la belleza, la diosa de las guirnaldas,
la diosa de la música, la diosa de la danza,
la diosa de las flores, la diosa del incienso,
la diosa de la luz y la diosa del perfume.
El sol y la luna, la sombrilla preciosa
y la bandera de la victoria en todas las direcciones.
En el centro, todos los tesoros humanos y divinos.
Esta magnífica colección que no carece de nada os la ofrecemos a ti, bondadoso maestro raíz, y a los maestros del linaje,
y en especial a ti, Señor de un océano de mandalas y linajes,
dotado del significado de los símbolos supremos, gran Guía Espiritual de incomparable bondad, Gueshe Kelsang Gyatso Rimpoché,
en tu presencia elevamos esta ofrenda del mandala para que permanezcas junto a nosotros con una longevidad de cien mil eones por el beneficio de la doctrina y de los seres migratorios.
Aceptadla con compasión por los seres migratorios
y, tras haberla aceptado, conceded, por favor, con gran compasión,
vuestras bendiciones a todos los seres que llenan el espacio.

Os ofrezco esta base con flores y ungida de incienso,
con el Monte Meru, los cuatro continentes, el sol y la luna,
percibida como una tierra pura de Buda.
Que todos los seres puedan disfrutar de una tierra pura.

Ante mí en el espacio, sobre un trono sostenido por leones, sobre un loto y una luna,

el venerable maestro sonríe con deleite.
¡Oh, campo supremo de méritos para mi mente de fe!,
por favor, permanece durante cientos de eones para
difundir la doctrina.

¡Oh, Losang, Principal Buda Vajradhara!,
por favor, revela tus cuerpos externo, interno y secreto,
que manifiestas por doquier,
y con una intención compasiva hacia los seres migratorios,
infinitos como el espacio,
gira las ruedas del Dharma, externa, interna y secreta.

IDAM GURU RATNA MANDALAKAM NIRIATAYAMI

Vuelve a la página 219.

Doryhechang Kelsang Gyatso Rimpoché

Apéndice 9

Cientos de Deidades de la Tierra Gozosa según el tantra del yoga supremo

EL YOGA DEL GURU YHE TSONGKHAPA COMO PRÁCTICA PRELIMINAR DEL MAHAMUDRA

Aquí, *Guru* se refiere al Guía Espiritual que nos conduce por el camino espiritual correcto y que nos muestra un buen ejemplo. Si seguimos el camino espiritual correcto, podremos alcanzar todas nuestras metas temporales y últimas. En este contexto, *yoga* significa 'la práctica ritual que consiste en confiar en el Guía Espiritual de una manera especial'. Puesto que la raíz de todas las realizaciones espirituales del sutra y del tantra es confiar con pureza en el Guía Espiritual, la práctica del yoga del Guru es un adiestramiento esencial en el budismo.

Muchas personas tienen dificultades para concentrarse en el significado de las oraciones cuando las recitan en voz alta porque el sonido interfiere en la concentración. Por lo tanto, hemos de acostumbrarnos a recitar las oraciones mentalmente, de corazón, sin emitir ningún sonido, para lo cual es preciso que memoricemos las oraciones que hagamos a diario.

CÓMO PRACTICAR ESTE YOGA DEL GURU

Visualización

Ante mí en el espacio aparece mi Guru raíz, Guru Sumati Buda Heruka, rodeado de todos los Budas de las diez direcciones.

Al mismo tiempo que recitas este verso contempla su significado y luego con intensa fe medita durante un rato en la asamblea de los objetos de refugio y los Seres de Compromiso del campo de méritos.

Toma de los votos del refugio mahayana

¡Oh, Gurus, Budas y Bodhisatvas, por favor, escuchadme!
Yo y todos los maternales seres sintientes, infinitos como
el espacio,
de ahora en adelante hasta que alcancemos la iluminación,
nos refugiamos en las Tres Gemas Preciosas –Buda,
el Dharma y la Sangha–. (x3)

Recita esta oración tres veces y haz la siguiente promesa de corazón: «De ahora en adelante hasta que alcance la iluminación solo me ampararé y confiaré en Buda, el Dharma y la Sangha como mi refugio último». De este modo tomas los votos del refugio Mahayana.

Toma del voto del Bodhisatva según el tantra del yoga supremo

Por el beneficio de todos los maternales seres sintientes
voy a convertirme en la Deidad Maestra
y entonces conduciré a todo ser sintiente
al estado supremo de la Deidad Maestra. (x3)

Recita esta oración tres veces al mismo tiempo que contemplas su significado y haces esta promesa con sinceridad. De este modo generas la mente de bodhichita y tomas el voto del Bodhisatva según el tantra del yoga supremo.

Invocación a los Seres de Sabiduría

Del corazón del Protector de los cientos de Deidades
de la Tierra Gozosa,
a la cima de una nube cual cúmulo de blanco requesón
fresco,
Omnisciente Losang Dragpa, Rey del Dharma,
tú y tus Hijos, acudid, por favor, a este lugar.

Al recitar esta estrofa contemplas que invitas a los Seres de Sabiduría, el Rey del Dharma, el Omnisciente Yhe Tsongkhapa, rodeado de los Budas de las diez direcciones, a que acudan desde la esfera del espacio infinito del gozo y la vacuidad en el corazón del Protector Buda Maitreya, que mora en el paraíso puro de la Tierra Gozosa. Todos ellos se disuelven en los Seres de Compromiso que se encuentran ante ti en el espacio y piensa que los Seres de Sabiduría y los Seres de Compromiso se funden de manera inseparable.

Súplica

Ante mí en el espacio, sobre un trono sostenido por leones,
sobre un loto y una luna,
el venerable maestro sonríe con deleite.
¡Oh, campo supremo de méritos para mi mente de fe!,
por favor, permanece durante cientos de eones para
difundir la doctrina.

Al recitarlo estás haciendo la siguiente súplica: «¡Oh, Venerable Guía Espiritual!, donde sea que me encuentre, por favor, aparece ante mí en el espacio y con deleite permanece durante cien mil eones como el campo donde pueda sembrar las semillas de la fe y como mi objeto para poder reunir la acumulación de méritos».

Las siete ramas

Postración

Tu mente de sabiduría realiza los objetos de conocimiento en toda su dimensión,
tu palabra elocuente es el ornamento del oído del afortunado,
tu hermoso cuerpo resplandece con la gloria de la celebridad.
Ante ti, que verte, oírte y recordarte es tan significativo, me postro.

Al recitar esta estrofa piensa con intensidad que te estás postrando ante innumerables objetos de refugio durante incontables eones con innumerables cuerpos que has emanado por medio de la imaginación correcta y al mismo tiempo recuerda su bondad y buenas cualidades.

Ofrendas

Ofrendas exquisitas de agua, multitud de flores,
incienso de dulce fragancia, luces, agua perfumada y otros obsequios,
una vasta nube de ofrendas dispuestas e imaginadas,
a ti te ofrezco, ¡oh, campo supremo de méritos!

Contemplas y piensas que todos los mundos son tierras de Buda totalmente puras, colmadas de abundantes ofrendas externas, internas y secretas creadas por medio de la concentración –nubes inconcebibles de ofrendas completamente puras que cubren el suelo y llenan todo el espacio– e imaginas que realizas estas ofrendas durante incontables eones al campo supremo de méritos, la asamblea de las Deidades de Guru Sumati Buda Heruka.

Purificación

Todas las malas acciones de cuerpo, palabra y mente
que he acumulado desde tiempo sin principio,
y, en particular, las transgresiones de mis tres votos,
las confieso con mucho arrepentimiento desde lo más
 profundo de mi corazón.

Suplicas e imploras a Guru Sumati Buda Heruka: «Confieso con mucho arrepentimiento y una promesa firme todas las malas acciones, caídas morales y transgresiones de compromisos que he acumulado con mi cuerpo, palabra y mente a lo largo de mis incontables vidas hasta ahora. ¡Oh, Protector!, por el poder de tu compasión, por favor, bendíceme para que las purifique ahora mismo». Realiza esta contemplación una y otra vez desde lo más profundo del corazón para hacer la purificación.

Regocijo

En esta era de degeneración te esforzaste por aprender
 y realizarte.
Al abandonar las ocho preocupaciones mundanas extrajiste
 el significado de tus dones y libertades.
¡Oh, Protector!, desde lo más profundo de mi corazón
me regocijo de tu gran oleada de obras.

Haces esta promesa: «¡Oh, venerable Guru!, me regocijo desde lo más profundo del corazón de tus diestras obras por medio de las cuales guías a tantos seres afortunados al estado de la Unión de la iluminación y prometo que llegaré a ser como tú».

Súplica para que gire la rueda del Dharma

De las onduladas nubes de sabiduría y compasión
en el espacio de vuestros Cuerpos de la Verdad,
¡oh, venerables y sagrados maestros!,
enviad, por favor, una lluvia de vasto y profundo Dharma
apropiado para los discípulos de este mundo.

Suplicas: «¡Oh, venerable Guru!, de las onduladas nubes de sabiduría y compasión en el espacio de tu Cuerpo de la Verdad, el Dharmakaya, emana, por favor, innumerables Guías Espirituales por todo el mundo según las necesidades de los discípulos y envía, por favor, una lluvia de vasto y profundo Dharma del linaje oral de Ganden para innumerables discípulos».

Súplica para que los Guías Espirituales no pasen al más allá

De tu verdadero cuerpo inmortal, nacido de la luz clara significativa,
envía, por favor, incontables emanaciones por todo el mundo
para que difundan el linaje oral de la doctrina de Ganden,
y que permanezcan durante mucho tiempo.

Realizas de manera convergente esta súplica: «¡Oh, Protector!, aunque tu Cuerpo de la Unión, que ha surgido de la luz clara significativa, no muere, las diferentes clases de Guías Espirituales que emanas como seres ordinarios no son inmortales. A ellos les suplico que no pasen al más allá, sino que permanezcan con nosotros hasta el final del samsara».

Dedicación

Que gracias a las virtudes que aquí he acumulado,
la doctrina y todos los seres sintientes reciban todo beneficio,
y, en especial, que la esencia de la doctrina
del venerable Losang Dragpa brille eternamente.

Dedicas todas las virtudes que tú y los demás seres habéis acumulado hasta ahora para el beneficio de la doctrina y de todos los seres sintientes y, en particular, para que la esencia de la doctrina de Yhe Tsongkhapa, las instrucciones y la práctica del linaje oral de Ganden, prosperen y se difundan por todo el mundo.

Ofrecimiento del mandala

Haz el ofrecimiento largo o corto del mandala a Guru Sumati Buda Heruka y a su asamblea de Deidades.

OM VAJRA BHUMI AH HUM
la grandiosa y poderosa base de oro,
OM VAJRA REKHE AH HUM
rodeada en su confín por el vallado férreo.
En el centro el Monte Meru, rey de las montañas,
y a su alrededor los cuatro continentes:
en el este Purvavideha, en el sur Yhambudipa,
en el oeste Aparagodaniya, y en el norte Utarakuru.
Cada uno tiene dos subcontinentes:
Deha y Videha, Tsamara y Abatsamara,
Satha y Utaramantrina, Kurava y Kaurava.
La montaña de joyas, el árbol que colma los deseos,
la vaca que colma los deseos y la cosecha sin cultivar.
La rueda preciosa, la joya preciosa,
la reina preciosa, el ministro precioso,
el elefante precioso, el supremo caballo precioso,

el general precioso y la gran vasija de los tesoros.
La diosa de la belleza, la diosa de las guirnaldas,
la diosa de la música, la diosa de la danza,
la diosa de las flores, la diosa del incienso,
la diosa de la luz y la diosa del perfume.
El sol y la luna, la sombrilla preciosa
y la bandera de la victoria en todas las direcciones.
En el centro, todos los tesoros humanos y divinos.
Esta magnífica colección que no carece de nada
os la ofrezco a ti, mi bondadoso maestro raíz, a los maestros del linaje
y a todos los gloriosos y sagrados Gurus,
y en especial a ti, Guru Sumati Buda Heruka y a tu séquito.
Aceptadla con compasión por los seres migratorios
y, tras haberla aceptado, conceded, por favor, con gran compasión,
vuestras bendiciones a todos los seres que llenan el espacio.

Os ofrezco esta base con flores y ungida de incienso,
con el Monte Meru, los cuatro continentes, el sol y la luna,
percibida como una tierra pura de Buda.
Que todos los seres puedan disfrutar de una tierra pura.

Aceptad, por favor, los objetos de mi apego, odio e ignorancia,
mi amigo, enemigo y desconocido, así como mi cuerpo y posesiones,
que sin sentimiento de pérdida os ofrezco.
Y bendecidme para que me libere de los tres venenos mentales.

IDAM GURU RATNA MANDALAKAM NIRIATAYAMI

Realizas el ofrecimiento del mandala con intensa fe: transformas por medio de la imaginación correcta todo el universo en una tierra pura de Buda y lo ofreces a la asamblea de las Deidades de Guru Sumati Buda Heruka y a su séquito.

Recitación de la oración de súplica de *Migtsema* según el tantra del yoga supremo

¡Oh, Guru Sumati Buda Heruka!, síntesis de los tres linajes en uno,
te suplico que disipes mis obstáculos externos e internos,
hagas madurar mi continuo mental, me liberes de la apariencia dual
y me bendigas para que sin esfuerzo pueda beneficiar a todos los seres sintientes.

En este contexto, los tres linajes *se refieren al cuerpo, la palabra y la mente de todos los Budas.*

Recita esta oración de súplica de Migtsema *siete veces o más.*

Según la tradición, has de recitar con fe intensa al menos cien mil veces esta oración de súplica de Migtsema *al mismo tiempo que contemplas su significado. De este modo recibirás poderosas bendiciones.*

Súplica al Señor de Todos los Linajes

Oración de súplica para la práctica del Lamrim, el Loyong, la etapa de generación y la etapa de consumación

Sin ninguna distracción, debes concentrarte en el significado de la siguiente oración.

Suplica de corazón y anímate a ti mismo a practicar todas y cada una de las etapas del sutra y del tantra, y toma la firme determinación de alcanzar la verdadera realización de cada una de ellas.

Has de practicar de este modo cada día; no hay nada más significativo que esto. Por favor, guarda este consejo en el corazón.

¡Oh, venerable Vencedor Losang Dragpa!,
eres el Glorioso Señor de todos los linajes, Heruka,
en cuyo cuerpo moran todos los Budas, sus mundos
y sus séquitos,
te suplico, por favor, concédeme tus bendiciones.

Mi bondadoso, precioso Guru raíz,
que eres inseparable de Heruka,
en cuyo gran gozo todos los fenómenos se funden en uno,
te suplico, por favor, concédeme tus bendiciones.

Puesto que la raíz de todos los logros espirituales
es confiar con pureza en el Guía Espiritual,
por favor, concédeme ahora las profundas bendiciones
de tu cuerpo, palabra y mente
en mi cuerpo, palabra y mente.

Movido por su gran bondad, Yhe Tsongkhapa presentó
todas las enseñanzas de Buda del sutra y el tantra como
instrucciones prácticas.
No obstante, la gran buena fortuna de haber encontrado
el Dharma sagrado, la doctrina de Buda,
puede que solo la disfrute en esta vida.

Además, mi respiración es como neblina a punto de
desvanecerse,
y mi vida, como la llama de una vela a punto de que la
apague el viento.
Puesto que nada puede garantizarme que hoy no me vaya
a morir,
ahora es el único momento para dar verdadero sentido
a mi vida humana, alcanzar la iluminación.

En mis incontables vidas pasadas he acumulado diversas
clases de acciones perjudiciales

y, como resultado, tendré que experimentar el intolerable sufrimiento de renacimientos inferiores durante muchos eones.
Puesto que esta situación es insoportable, me refugio con sinceridad
en Buda, el Dharma y la Sangha desde lo más profundo del corazón.

Me voy a esforzar con sinceridad
para recibir las bendiciones de Buda,
obtener ayuda de la Sangha –los practicantes espirituales puros–
y practicar el Dharma con pureza.

Si me adiestro en esta práctica de manera continua,
lograré el verdadero refugio en mi mente
–las realizaciones del Dharma sagrado,
que me liberan para siempre de todos los problemas y sufrimientos–.

La causa del sufrimiento son las acciones perjudiciales,
y la causa de la felicidad, las acciones virtuosas.
Puesto que esto es totalmente cierto,
con toda firmeza voy a abandonar las primeras y a practicar las segundas.

Al igual que confundir
una bebida venenosa con néctar,
el apego con aferramiento a los objetos de deseo
es causa de grandes peligros.

En el ciclo de vidas impuras, el samsara,
no hay verdadera protección del sufrimiento.
Donde sea que nazca, bien como un ser inferior o uno elevado,
solo experimentaré sufrimiento.

Si se amontonara la carne y los huesos de todos los cuerpos que he tenido en el pasado, formaría un cúmulo tan grande como el Monte Meru,
y si reuniera la sangre y los fluidos corporales, sería como el más profundo de los océanos.
Aunque he tenido incontables cuerpos como los de Brahma, Indra, monarcas chakravatines, dioses y seres humanos ordinarios,
ninguno de ellos me ha aportado sentido ya que aún continúo sufriendo.

Si tras haber nacido en los infiernos y bebido cobre fundido, como insectos cuyos cuerpos se convierten en lodo,
y como perros, puercos y otros animales que comieron tanta inmundicia como para cubrir toda la tierra,
y si, como suele decirse, la cantidad de lágrimas que he derramado por todo este sufrimiento es infinitamente mayor que un océano,
y aún no siento desconsuelo ni miedo, ¿acaso tengo una mente de hierro?

Con este entendimiento, voy a esforzarme de manera continua para cesar los renacimientos en el samsara
esforzándome por abandonar de manera permanente su raíz, la ignorancia del aferramiento propio.
Con esta mente de renuncia, voy a abrir la puerta del camino a la liberación
y voy a esforzarme en practicar los tres adiestramientos superiores, la síntesis de todos los caminos.

Con mi mente, como un magnífico caballo que se dirige hacia tierras más altas,
guiado por las riendas del Dharma de los tres adiestramientos superiores
y apremiado a avanzar con la fusta del esfuerzo intenso,
ahora viajaré con rapidez por el camino a la liberación.

Los maternales seres sintientes, que me han cuidado con tanta bondad,
se están ahogando en el terrible océano del samsara.
Si no pienso en su lamentable sufrimiento,
sería como un niño cruel y sin corazón.

Puesto que a lo largo de todas mis vidas, desde el sin principio hasta ahora, la raíz de todo el sufrimiento ha sido mi mente de estimación propia,
debo expulsarla de mi corazón, arrojarla lejos y estimar solo a los demás seres sintientes.
Así pues, voy a completar mi práctica de cambiarme por los demás.
¡Oh, mi precioso Guru!, por favor, concédeme tus bendiciones para que pueda completar esta profunda práctica.

Para liberar de manera permanente a todos los seres sintientes, mis madres,
del sufrimiento y la apariencia equívoca,
voy a alcanzar la Unión del estado de la iluminación
por medio de la práctica de las seis perfecciones.

Al eliminar por completo las distracciones de mi mente,
observar y mantener de manera convergente un solo objeto de meditación con retentiva mental
e impedir que surjan los obstáculos del hundimiento y la excitación mentales,
controlaré mi mente con una meditación clara y gozosa.

Las apariencias de mis sueños me enseñan
que las apariencias del estado de vigilia no existen;
así pues, para mí, todas mis apariencias oníricas
son la instrucción suprema de mi Guru.

Los fenómenos que normalmente veo o percibo
son engañosos –creados por mentes equívocas–.

Si busco la realidad de lo que veo,
no existe nada ahí –solo percibo un vacío como el espacio–.

Cuando indago con el ojo de mi sabiduría
todas las cosas que normalmente veo desaparecen
y solo quedan sus meros nombres.
Con este mero nombre simplemente acepto todo para poder comunicarme con los demás.

Sólo así existen los fenómenos.
Guru Padre Yhe Tsongkhapa lo aclaró siguiendo la intención de Nagaryhuna.
Así pues, la visión correcta de la vacuidad libre de los dos extremos
es sumamente profunda.

Tras haber adquirido experiencia de los caminos comunes,
el ser principal de la tierra pura de Akanishta, Vajradhara Heruka,
aparece ahora en este mundo como una emanación de Heruka
bajo el aspecto de mi Guru raíz
que me ha conducido al interior del gran mandala del cuerpo de Heruka
y me ha conferido las cuatro iniciaciones para que madure mi continuo mental.
Así pues, me he convertido en un gran ser afortunado que tiene la oportunidad de alcanzar en esta vida
la Unión de Heruka al lograr el No Más Aprendizaje, el estado de la iluminación.

La bondad de Guru Heruka Padre y Madre es inconcebible
y la bondad de mi Guru raíz es inconcebible.
Gracias a esta buena fortuna y por el poder de mi imaginación correcta,
ahora resido en el gran mandala de Heruka, cuya naturaleza es la de mi cuerpo burdo purificado.

Soy la Deidad iluminada Heruka,
cuya naturaleza es la de mi gota blanca indestructible purificada,
con mi consorte Vajravarahi,
cuya naturaleza es la de mi gota roja indestructible purificada.
Estoy rodeado de las Deidades Bodhisatvas, los Héroes y las Heroínas,
cuya naturaleza es la de mis canales y gotas purificados.
Al disfrutar del gran gozo y la vacuidad de todos los fenómenos he pacificado todas las apariencias y concepciones ordinarias,
y así he alcanzado el verdadero significado de la vida humana.

Tras haberme generado como Heruka con consorte,
medito brevemente en mi cuerpo que es hueco y vacío como el espacio.
En su interior está mi canal central, que tiene cuatro características.
Dentro del canal central, en el centro de los ocho pétalos de la rueda de canales del corazón
se encuentra la unión de mi gota indestructible blanca y roja, del tamaño de un pequeño guisante,
que es muy clara e irradia luces de cinco colores.
En su interior se encuentra mi aire indestructible bajo el aspecto de una sílaba HUM,
que es el verdadero Glorioso Heruka.
Mi mente entra en la HUM y se funde con ella como agua vertida en agua.
Mantengo esta HUM, que es mi aire indestructible y Heruka, con retentiva mental y medito en ella de manera convergente.

Al estabilizar esta meditación, el movimiento de los aires internos de mis concepciones cesará.

Así pues, percibiré una luz clara totalmente cualificada.
Al completar la práctica de esta luz clara
alcanzaré la auténtica Unión del Gran Keajra, el estado de la iluminación.
Esta es la gran bondad de Guru Heruka;
¡que me convierta en un ser como tú!

Bendiciones

¡Oh, Glorioso y precioso maestro raíz!,
siéntate, por favor, sobre el asiento de loto y luna en mi corazón.
Cuida de mí con tu gran benevolencia
y concédeme las bendiciones de tu cuerpo, palabra y mente.

Como resultado de esta súplica, todos los Budas de las diez direcciones que se encuentran ante mí en el espacio se funden en luz y se disuelven en el venerable Guru Tsongkhapa. Él, a su vez, se funde en luz y se disuelve en Buda Shakyamuni en su corazón. Luego, Buda Shakyamuni se funde en luz y se disuelve en Heruka en su corazón.

Con gran deleite, Guru Heruka viene hacia mi coronilla y se detiene en el canal central en el centro de la rueda de canales de mi coronilla. De su cuerpo irradian rayos de luz que bendicen los canales, los aires y las gotas de mi coronilla.

¡Oh, Glorioso y precioso maestro raíz!,
siéntate, por favor, sobre el asiento de loto y luna en mi corazón.
Cuida de mí con tu gran benevolencia
y confiéreme las realizaciones comunes y supremas.

Como resultado de esta súplica, Guru Heruka desciende hasta mi garganta y se detiene en el canal central en el centro de la rueda de canales de mi garganta. De su cuerpo irradian rayos de luz que bendicen los canales, los aires y las gotas de mi garganta.

¡Oh, Glorioso y precioso maestro raíz!,
siéntate, por favor, sobre el asiento de loto y luna
en mi corazón.
Cuida de mí con tu gran benevolencia
y permanece firme hasta que alcance la esencia
de la iluminación.

Como resultado de esta súplica, Guru Heruka desciende hasta mi corazón y permanece en el canal central en el centro de la rueda de canales de mi corazón. De su cuerpo irradian rayos de luz que bendicen los canales, los aires y las gotas de mi corazón.

Luego, la mente de luz clara de gran gozo de Guru Heruka se funde con mi mente y devienen no duales, de una misma naturaleza. Como resultado, mi mente adquiere la naturaleza de la mente de luz clara de gran gozo de Heruka.

Medita durante un rato en tu mente, que es la luz clara del gran gozo de la mente de Heruka lograda por medio de la imaginación correcta, y mantenla de manera convergente sin olvidarla.

Luego, con un sentimiento de gran dicha realiza la práctica en sí del Mahamudra con el siguiente adiestramiento como se ha expuesto en el libro Las instrucciones orales del Mahamudra*:*

1. *Meditación en la permanencia apacible tras haber identificado nuestra propia mente.*
2. *Meditación en la visión superior tras haber comprendido la vacuidad.*
3. *Meditación en el canal central, el yoga del canal central.*
4. *Meditación en la gota indestructible, el yoga de la gota.*
5. *Meditación en el aire indestructible, el yoga del aire.*

Dedicación

Que durante todas mis vidas, bajo el cuidado
del Vencedor Tsongkhapa como mi maestro mahayana,
nunca me aleje, ni por un instante,
de este excelente camino alabado por los Vencedores.

Que gracias a las prácticas de la disciplina moral, amplia
escucha,
el adiestramiento en la bodhichita, la visión pura,
la conducta pura y demás prácticas,
que yo y todos los seres sintientes practiquemos con pureza
y de manera inequívoca
la doctrina del Vencedor Losang Dragpa.

Oraciones de la tradición virtuosa

Para que la tradición de Yhe Tsongkhapa,
el Rey del Dharma, pueda florecer,
que todos los obstáculos sean pacificados
y que abunden las condiciones favorables.

Que gracias a las dos acumulaciones, mías y de otros,
reunidas durante los tres tiempos,
pueda la doctrina del Vencedor Losang Dragpa
brillar para siempre.

Oración de nueve versos de *Migtsema*

Tsongkhapa, corona de los eruditos de la Tierra
de las Nieves,
eres Buda Shakyamuni y Vajradhara, fuente de todas
las realizaciones,
Avalokiteshvara, tesoro de compasión inconcebible,
Manyhushri, suprema sabiduría inmaculada,
y Vajrapani, destructor de la multitud de maras.
¡Oh, venerable Guru Buda!, síntesis de las Tres Joyas,
con respeto, con mi cuerpo, palabra y mente, te suplico;
bendícenos a mí y a los demás seres para que nos liberemos
y realicemos,
y concédenos las realizaciones comunes y supremas. (x3)

Colofón: Esta sadhana o ritual de oraciones para alcanzar realizaciones espirituales ha sido recopilada a partir de fuentes tradicionales por el venerable Gueshe Kelsang Gyatso Rimpoché y traducida bajo su compasiva guía, 2015.

Glosario de términos

Acumulación de méritos Cualquier acción virtuosa motivada por la bodhichita que es una causa principal para alcanzar el Cuerpo de la Forma de un Buda. Por ejemplo, hacer ofrendas a los seres sagrados o postrarnos ante ellos con la motivación de bodhichita, y practicar las perfecciones de la generosidad, la disciplina moral y la paciencia.

Acumulación de sabiduría Cualquier acción mental virtuosa motivada por la bodhichita que es una causa principal para alcanzar el Cuerpo de la Verdad de un Buda. Por ejemplo, escuchar enseñanzas sobre la vacuidad, contemplarlas y meditar en ellas con la motivación de bodhichita.

Adiestramiento de la mente *Loyong* en tibetano. Instrucciones de un linaje especial originado en Buda Shakyamuni y transmitido a través de Manyhushri a Shantideva, Atisha y a los gueshes kadampas que acentúa el desarrollo de la bodhichita por medio del adiestramiento de igualarse uno mismo con los demás y cambiarse por ellos combinado con las prácticas de tomar y dar. Véanse *Compasión universal* y *Nuevo ocho pasos hacia la felicidad*.

Amitabha Manifestación de la palabra y del agregado del discernimiento de todos los Budas. Su cuerpo es de color rojo. Véase *Nuevo ocho pasos hacia la felicidad*.

Antivirtud Fenómeno que actúa como causa principal del sufrimiento. Puede referirse a mentes, acciones, impresiones perjudiciales o a la antivirtud última –el samsara–. Véase *Cómo comprender la mente*.

Apariencia equívoca Todas las mentes de los seres sintientes, excepto la percepción excelsa de la meditación estabilizada de un Ser Superior que observa la vacuidad, son percepciones equívocas porque sus objetos aparecen como si tuvieran existencia verdadera; y esta percepción o apariencia es una apariencia equívoca que por naturaleza es una obstrucción a la omnisciencia. Véase *Océano de Néctar*.

Apariencia ordinaria y concepción ordinaria La apariencia ordinaria es toda apariencia que es resultado de una mente impura, y la concepción ordinaria es la mente que concibe los objetos como ordinarios. Según las instrucciones del mantra secreto, las apariencias ordinarias son las obstrucciones a la omnisciencia, y las concepciones ordinarias son las obstrucciones a la liberación. Véanse *Nueva guía del Paraíso de las Dakinis* y *Mahamudra del tantra*.

Apego Factor mental perturbador que observa un objeto contaminado, lo considera como una causa de felicidad y lo desea. Véase *Cómo comprender la mente*.

Aryadeva Erudito y maestro de meditación budista indio del siglo III que fue discípulo de Nagaryhuna.

Atisha (982-1054) Famoso erudito budista indio y maestro de meditación. Fue abad del gran monasterio budista de Vikramashila en una época en que el budismo mahayana florecía en la India. Posteriormente, en respuesta a una invitación, viajó al Tíbet, donde restableció el budismo puro. Autor del primer texto sobre las etapas del camino, *La lámpara del camino hacia la iluminación*. Su tradición fue conocida más tarde como la *tradición kadampa*. Véanse *Budismo moderno* y *El camino gozoso de buena fortuna*.

Bendición Proceso de transformación de la mente de un estado negativo a uno virtuoso, de uno de infelicidad a uno de felicidad, o de uno de debilidad a uno de fortaleza, que se produce como resultado de recibir la inspiración de seres sagrados, como nuestro Guía Espiritual, los Budas o los Bodhisatvas.

Bodhisatva Aquel que ha generado la mente de bodhichita de manera espontánea, pero aún no es un Buda. Cuando el practicante genera la bodhichita espontánea se convierte en un Bodhisatva y entra en el primer camino mahayana, el de la acumulación. El Bodhisatva ordinario es aquel que aún no ha alcanzado una realización directa de la vacuidad, y el Bodhisatva Superior, el que ya la ha logrado. Véanse *El camino gozoso de buena fortuna* y *Tesoro de contemplación*.

Buda Shakyamuni El cuarto de los mil Budas fundadores que han de aparecer en el mundo durante este eón afortunado. Los tres primeros fueron Krakuchanda, Kanakamuni y Kashyapa. El quinto será Buda Maitreya.

Budismo kadampa Escuela de budismo mahayana fundada por el gran maestro indio Atisha (982-1054). Véase también KADAMPA. Véase *Budismo moderno*.

Canal central Canal principal en el centro del cuerpo en el que se localizan los chakras o ruedas de canales. Véanse *Budismo moderno*, *La luz clara del gozo* y *Mahamudra del tantra*.

Chod / Práctica de escisión Práctica ritual, que combina la compasión y la sabiduría, para destruir la estimación propia y el aferramiento propio en la que imaginamos de manera correcta que cortamos en pedazos nuestro cuerpo, se lo damos a los espíritus y lo ofrecemos a los seres sagrados.

Cientos de Deidades de la Tierra Gozosa En tibetano *Ganden Lhagyema*. Es un yoga especial del Guru de Yhe Tsongkhapa en el que se invita a Yhe Tsongkhapa y sus dos Hijos a que acudan desde la Tierra Gozosa o Tushita. Este yoga del Guru se incluye en numerosas sadhanas, como *Cientos de Deidades de la Tierra Gozosa según el tantra del yoga supremo*, véase la página 237. Véase también el libro *Gema del corazón*.

Creencia perturbada Aquella cuya función es obstaculizar el logro de la liberación. Véase *Cómo comprender la mente*.

Cuerpo de Emanación Véase CUERPOS DE BUDA.

Cuerpo de la Forma El Cuerpo de Deleite y el Cuerpo de Emanación de un Buda. Véase también CUERPOS DE BUDA. Véase *El camino gozoso de buena fortuna.*

Cuerpo de la Verdad En sánscrito *Dharmakaya*. Es el Cuerpo de Entidad y el Cuerpo de la Sabiduría de la Verdad de un Buda. Véase también CUERPOS DE BUDA.

Cuerpo ilusorio Cuerpo sutil divino que se desarrolla principalmente a partir del aire interno indestructible, el aire muy sutil. Cuando el practicante del tantra del yoga supremo surge de la meditación de la mente aislada de la luz clara ejemplar última, alcanza un cuerpo diferente de su cuerpo físico ordinario. Este nuevo cuerpo es su cuerpo ilusorio. Tiene el mismo aspecto que el de su Deidad personal de la etapa de generación, excepto que es de color blanco. Solo puede ser percibido por aquellas personas que también hayan alcanzado el cuerpo ilusorio. Véanse *Caminos y planos tántricos, La luz clara del gozo* y *Mahamudra del tantra.*

Cuerpos de Buda Un Buda posee cuatro cuerpos –el Cuerpo de la Sabiduría de la Verdad, el Cuerpo de Entidad, el Cuerpo de Deleite y el Cuerpo de Emanación–. El primero es la mente omnisciente de un Buda; el segundo, la vacuidad o naturaleza última de su mente; el tercero, su Cuerpo sutil de la Forma, y el cuarto incluye todos los Cuerpos burdos de la Forma, que los seres ordinarios pueden ver y de los que cada Buda manifiesta un número ilimitado. El Cuerpo de la Sabiduría de la Verdad y el Cuerpo de Entidad forman el Cuerpo de la Verdad, y el Cuerpo de Deleite y el Cuerpo de Emanación, el Cuerpo de la Forma. Véanse *El camino gozoso de buena fortuna* y *Océano de néctar.*

Dedicación Factor mental virtuoso por naturaleza. Es la intención virtuosa cuya función es hacer que aumenten las virtudes que hayamos acumulado e impedir que degeneren. Véase *El camino gozoso de buena fortuna.*

Dharmavajra (1457-?) Gran Mahasidha tibetano y Guru del linaje Mahamudra.

Dios *Deva* en sánscrito. Ser del reino de los dioses, el más elevado de los seis reinos del samsara. Existen numerosas clases de dioses: algunos pertenecen al reino del deseo, otros al reino de la forma y otros al reino inmaterial. Véase *El camino gozoso de buena fortuna*.

Discernimiento Factor mental cuya función es aprehender la característica distintiva de un objeto. Véase *Cómo comprender la mente*.

Disciplina moral Resolución virtuosa de abandonar cualquier falta o la acción física o verbal motivada por dicha resolución. Véanse *El camino gozoso de buena fortuna* y *Tesoro de contemplación*.

Distracción Factor mental perturbador que vaga tras un objeto de las perturbaciones mentales. Véase *Cómo comprender la mente*.

Engaño / Perturbación mental Factor mental que surge de la atención inapropiada y cuya función es turbar la mente y descontrolarla. Las perturbaciones mentales principales son tres: el apego, el odio y la ignorancia. De ellas surgen todos los demás engaños, como los celos, el orgullo y la duda perturbadora. Véanse *El camino gozoso de buena fortuna* y *Cómo comprender la mente*.

Escritura de emanación Ganden Conocida también como *Escritura de emanación kadam*. Es un texto especial, cuya naturaleza es la de la sabiduría de Manyhushri, que fue revelado directamente por él a Yhe Tsongkhapa. Contiene instrucciones sobre el Mahamudra vajrayana, la *Ofrenda al Guía Espiritual* (tib.: *Lama Chopa*), *Cientos de Deidades de la Tierra Gozosa* (tib.: *Ganden Lhagyema*), la oración de *Migtsema* y seis sadhanas de Manyhushri. Esta escritura no está compuesta con letras ordinarias y solo los seres altamente realizados pueden consultarla de manera directa. Al principio, las instrucciones de estas escrituras fueron transmitidas solo oralmente, de maestro a discípulo, y por ello este linaje se llegó a conocer como *el linaje susurrado extraordinario de la tradición virtuosa* o *el linaje susurrado de Ensa*. Se conoce también como *el extraordinario linaje cercano* porque fue revelado directamente por Manyhushri a Yhe Tsongkhapa. Después, eruditos como el primer Panchen Lama (1569-1662) pusieron por escrito, con letras ordinarias, las instrucciones de esta escritura. Véanse *Gema del corazón* y *Gran tesoro de méritos.*

Espíritu ávido Ser del reino de los espíritus ávidos, el segundo más bajo de los seis reinos del samsara. Véase *El camino gozoso de buena fortuna.*

Estado intermedio *Bardo* en tibetano. Estado entre la muerte y el renacimiento. Comienza en el momento en que la consciencia abandona el cuerpo y cesa cuando esta entra en el cuerpo de la nueva vida. Véanse *El camino gozoso de buena fortuna* y *La luz clara del gozo.*

Etapa de consumación Realizaciones del tantra del yoga supremo que se alcanzan al lograr que los aires internos entren, permanezcan y se disuelvan en el canal central gracias al poder de la meditación. Véanse *Caminos y planos tántricos, Esencia del vajrayana, La luz clara del gozo, Mahamudra del tantra* y *Nueva guía del Paraíso de las Dakinis.*

Etapa de generación Realización del yoga creativo que precede al logro de la verdadera etapa de consumación y que se alcanza con la práctica de la transformación de los tres cuerpos en el camino, en la que uno mismo se genera como una Deidad tántrica, y el entorno, como su mandala. La meditación sobre la etapa de generación se denomina *yoga creativo* porque su objeto es creado o generado por una imaginación correcta, y recibe el nombre de *etapa de generación* porque es una etapa del camino y sus objetos son generados por una imaginación correcta. Véanse *Caminos y planos tántricos, Esencia del vajrayana, Nueva guía del Paraíso de las Dakinis* y *Mahamudra del tantra.*

Factor mental Conocedor que aprehende principalmente una característica específica de un objeto. Existen cincuenta y un factores mentales diferentes. Cada momento de una mente consta de la mente primaria y de varios factores mentales. Véase *Cómo comprender la mente.*

Factores productores Agregado que incluye los fenómenos compuestos no asociados y todos los factores mentales excepto la sensación y el discernimiento. Véanse *Cómo comprender la mente* y *Nuevo corazón de la sabiduría.*

Fe Mente virtuosa por naturaleza cuya función es contrarrestar la percepción de faltas en el objeto observado. Hay tres clases de fe: fe creyente, fe admirativa y fe desiderativa. Véanse *Budismo moderno, Cómo comprender la mente* y *Cómo transformar tu vida.*

Felicidad Hay dos clases de felicidad: mundana y supramundana. La mundana es la felicidad limitada que se puede experimentar en el samsara, como la de los seres humanos y los dioses. La supramundana es la felicidad pura de la liberación y la iluminación.

Flexibilidad mental Docilidad de la mente inducida por una concentración virtuosa. Véase *Cómo comprender la mente.*

Ganden *Tushita* en sánscrito, *Tierra Gozosa* en español. La tierra pura de Buda Maitreya. Atisha y Yhe Tsongkhapa visitaron esta tierra pura al morir. *Ganden* es también el nombre de la doctrina que Yhe Tsongkhapa reveló y del monasterio que fundó en el Tíbet. Véase *Gema del corazón.*

Gema que colma todos los deseos Joya legendaria que concede cualquier deseo que se le pida.

Gueshe Título concedido por los monasterios kadampas a los eruditos budistas con ciertas cualificaciones. Contracción en tibetano de las palabras *gue güei she ñien,* que literalmente significan 'amigo virtuoso'.

Gungtang Gungtang Konchog Tenpai Dronme (1762-1823), erudito y meditador guelugpa reconocido por sus poemas espirituales y escritos filosóficos.

Guru raíz Nuestro Guía Espiritual principal, de quien hemos recibido las iniciaciones, instrucciones y transmisiones orales de nuestra práctica principal. Véanse *El camino gozoso de buena fortuna, Gema del corazón* y *Gran tesoro de méritos.*

Gyalgua Ensapa (1505-1566) Gran yogui y Guru del linaje Mahamudra que alcanzó la iluminación en tres años. Véase *Gran tesoro de méritos*.

Héroe / Heroína Un Héroe es una Deidad tántrica masculina que por lo general personifica el método, y una Heroína, una Deidad tántrica femenina que por lo general personifica la sabiduría. Véase *Nueva guía del Paraíso de las Dakinis*.

Hinayana Palabra sánscrita que significa 'pequeño vehículo'. La meta del practicante hinayana es eliminar sus perturbaciones mentales por completo para alcanzar la liberación personal del sufrimiento. Véase *El camino gozoso de buena fortuna*.

Impresión Hay dos clases de impresiones: las de las acciones y las de las perturbaciones mentales o engaños. Todas las acciones que realizamos dejan grabadas sus huellas o impresiones en la consciencia mental. Estas impresiones son potenciales kármicos que nos harán experimentar ciertos efectos en el futuro. Las impresiones de las perturbaciones mentales permanecen incluso después de haber eliminado estas últimas, al igual que en un recipiente donde había ajos queda su olor incluso después de haberlo vaciado. Las impresiones de las perturbaciones mentales son las obstrucciones a la omnisciencia y solo los Budas las han eliminado por completo.

Iniciación Puerta que abre el camino del tantra por medio de un ritual iniciador tántrico en la que el discípulo recibe bendiciones para sanar su continuo mental y despertar su naturaleza de Buda. Cuando se recibe una iniciación tántrica, se plantan las semillas especiales de los cuatro cuerpos de un Buda en el continuo mental del practicante. Véanse *Caminos y planos tántricos* y *Mahamudra del tantra*.

Kadampa Palabra tibetana. *Ka* significa 'palabra' y se refiere a todas las enseñanzas de Buda; *dam*, a la presentación especial del Lamrim que Atisha enseñó, conocida como *Etapas del camino hacia la iluminación*, y *pa*, a los seguidores del budismo kadampa, que integran todas las enseñanzas de Buda que conocen en su práctica del Lamrim. Véase también BUDISMO KADAMPA.

Lama Losang Tubuang Doryhechang Manifestación especial de Yhe Tsongkhapa que fue revelada de manera directa al gran yogui Dharmavajra. En ella, Yhe Tsongkhapa aparece como un monje con la ordenación completa y lleva un sombrero de Pandita con orejeras alargadas, Buda Shakyamuni está en su corazón y en el suyo está el Vencedor Vajradhara. En la práctica *Ofrenda al Guía Espiritual* visualizamos a nuestro maestro en este aspecto. *Lama* indica que es nuestro Guía Espiritual; *Losang*, que es Yhe Tsongkhapa (cuyo nombre de ordenación era Losang Dragpa); *Tubuang*, que es Buda Shakyamuni, y *Doryhechang*, que es Vajradhara. En tibetano, este aspecto de nuestro Guía Espiritual se conoce como *yhe sempa sum tseg*, que significa 'Yhe Tsongkhapa, la Unificación de Tres Seres Sagrados'. Ello indica que, en realidad, nuestro Guía Espiritual posee la misma naturaleza que Yhe Tsongkhapa, Buda Shakyamuni y el Vencedor Vajradhara. Véase *Gran tesoro de méritos*.

Lamrim Palabra tibetana que significa literalmente 'etapas del camino'. Presentación especial de todas las enseñanzas de Buda fácil de comprender y de poner en práctica. Revela todas las etapas del camino hacia la iluminación. Para un comentario completo, véanse *El camino gozoso de buena fortuna* y *Nuevo manual de meditación*.

Logro *Sidhi* en sánscrito. Los logros pueden ser de dos clases: comunes y supremos. Los comunes son de cuatro clases principales: pacíficos (la capacidad de purificar faltas, superar obstáculos y curar enfermedades); de prosperidad (la capacidad de aumentar las realizaciones de Dharma, los méritos, la duración de la vida y las riquezas); de control (la capacidad de controlar nuestra propia mente y las acciones que cometemos, así como la mente y las acciones de los demás), y coléricos (la capacidad de realizar acciones coléricas cuando sea apropiado para beneficiar a los demás). Los logros supremos son las realizaciones especiales de un Buda. Véase *Caminos y planos tántricos*.

Luz clara La mente muy sutil manifiesta que percibe una apariencia como un espacio claro y vacío. Véanse *Budismo moderno, La luz clara del gozo* y *Mahamudra del tantra.*

Luz clara significativa La mente de luz clara que realiza la vacuidad de manera directa, sin imagen genérica. Es sinónimo de *tierra o paraíso interno de la Dakini.* Véase *La luz clara del gozo.*

Mahamudra Palabra sánscrita que literalmente significa 'Gran Sello'. Según el sutra se refiere a la profunda visión de la vacuidad. Puesto que esta es la naturaleza de todos los fenómenos, se denomina *sello,* y como una realización directa de la vacuidad nos capacita para lograr el gran objetivo –la liberación completa de los sufrimientos del samsara– se dice que es el *gran* sello. Según el mantra secreto, el Mahamudra es la unión del gran gozo espontáneo y la vacuidad. Véanse *Gran tesoro de méritos, Las instrucciones orales del Mahamudra, La luz clara del gozo* y *Mahamudra del tantra.*

Mahayana Término sánscrito que significa 'gran vehículo', el camino espiritual que conduce a la gran iluminación. El objetivo del camino mahayana es alcanzar la Budeidad por el beneficio de todos los seres sintientes abandonando por completo las perturbaciones mentales y sus impresiones. Véanse *El camino gozoso de buena fortuna* y *Tesoro de contemplación.*

Mala Rosario utilizado para contar recitaciones de oraciones o mantras; normalmente tiene ciento ocho cuentas. Véase *Nueva guía del Paraíso de las Dakinis.*

Mandala corporal Transformación de cualquier parte del cuerpo de la autogeneración o de la Deidad generada enfrente en una Deidad. Véanse *Esencia del Vajrayana, Gran tesoro de méritos* y *Nueva guía del Paraíso de las Dakinis.*

Mantra Palabra sánscrita que significa 'protección de la mente'. El mantra protege la mente de apariencias y concepciones ordinarias. Hay cuatro clases de mantras: los que son mente, los que son aires internos, los que son sonidos y los que son formas. Por lo general, hay tres clases de recitación de mantras: recitación verbal, recitación mental y recitación vajra. Véanse *Budismo moderno* y *Caminos y planos tántricos.*

Mente primaria Conocedor que aprehende principalmente la mera entidad de un objeto. Es sinónimo de *consciencia.* Hay seis clases de mentes primarias: visual, auditiva, olfativa, gustativa, corporal y mental. Cada momento de la mente consta de una mente primaria y varios factores mentales. Una mente primaria y sus factores mentales son una misma entidad, pero tienen diferentes funciones. Véase *Cómo comprender la mente.*

Méritos Buena fortuna que se acumula al realizar acciones virtuosas. Es el poder potencial de aumentar nuestras buenas cualidades y ser felices.

Migtsema Oración especial de alabanza y súplicas a Yhe Tsongkhapa en la *Escritura de emanación kadam* compuesta por Manyhushri. Existen varias versiones de esta oración, como la de nueve versos y la de cinco. Esta oración contiene grandes bendiciones y los que la recitan con fe lograrán grandes resultados. Véase *Gema del corazón.*

Milarepa (1040-1123) Gran meditador budista tibetano, discípulo de Marpa y célebre por sus hermosas canciones de realización.

Naropa (1016 - 1100) Mahasidha budista indio y Guru del linaje de la práctica del tantra del yoga supremo de Vajrayoguini. Véase *Nueva guía del Paraíso de las Dakinis.*

Naturaleza de Buda Mente raíz de un ser sintiente y su naturaleza última. *Naturaleza de Buda, semilla de Buda* y *linaje de Buda* son términos sinónimos. Todos los seres sintientes poseen la naturaleza de Buda y, por consiguiente, el potencial de alcanzar la Budeidad. Véase *Mahamudra del tantra.*

Nueva Tradición Kadampa – Unión Internacional de Budismo Kadampa (se utilizan internacionalmente las siglas en inglés NKT-IKBU) Unión de los centros budistas kadampas, como asociación internacional de centros para el estudio y la meditación, que siguen la tradición pura del budismo mahayana que procede de los ilustres eruditos y grandes meditadores Atisha y Yhe Tsongkhapa y que fue introducida en Occidente por el venerable maestro budista Gueshe Kelsang Gyatso Rimpoché.

Odio Factor mental perturbador que observa un objeto contaminado, exagera sus malas características, lo considera indeseable y desea perjudicarlo. Véanse *Cómo comprender la mente* y *Cómo solucionar nuestros problemas humanos*.

Ofrecimiento del mandala Ofrenda de todo el universo visualizado como una tierra pura y de los seres que en él habitan como seres puros. Véanse *Gran tesoro de méritos* y *Nueva guía del Paraíso de las Dakinis*.

Ofrecimiento del tsog Ofrenda tántrica especial que realizan una asamblea de Héroes y Heroínas. Véanse *Esencia del Vajrayana* y *Nueva guía del Paraíso de las Dakinis*.

Ofrenda al Guía Espiritual *Lama Chopa* en tibetano. Un yoga especial del Guru Yhe Tsongkhapa en el cual visualizamos a nuestro Guía Espiritual bajo el aspecto de Lama Losang Tubuang Doryhechang. Las instrucciones de esta práctica fueron reveladas por el Buda Manyhushri en la *Escritura de emanación kadam* y puestas por escrito por el primer Panchen Lama. Es una práctica preliminar esencial del Mahamudra vajrayana. Véase también LAMA LOSANG TUBUANG DORYHECHANG. Para una traducción y un comentario completo véase *Gran tesoro de méritos*.

Percepción errónea Conocedor que está equivocado respecto a su objeto conectado o aprehendido. Véase *Cómo comprender la mente*.

Percepción sensorial Todas las mentes se incluyen dentro de las cinco percepciones sensoriales y la percepción mental. Hay cinco clases de percepción sensorial: visual, auditiva, olfativa, gustativa y corporal. Véase *Cómo comprender la mente*.

Pereza Factor mental perturbador que, motivado por el apego a los placeres o actividades mundanos, siente desagrado por las actividades virtuosas. Hay tres clases de pereza: la que surge del apego a los placeres mundanos, la que surge del apego a las actividades que nos distraen y la que surge del desánimo. Véanse *Cómo comprender la mente* y *El camino gozoso de buena fortuna*.

Persona El yo designado sobre cualquiera de los cuatro o cinco agregados de un ser. *Persona*, *ser* y *yo* son sinónimos. Véase *Cómo comprender la mente*.

Puyha Ceremonia en la que se realizan ofrendas y otras muestras de devoción a los seres sagrados.

Reino del deseo Lugar donde habitan los seres de los infiernos, espíritus ávidos, animales, humanos, semidioses y los dioses que disfrutan de los cinco objetos de deseo.

Sadhana Oración ritual que es un método especial para alcanzar realizaciones espirituales y normalmente está asociado a una Deidad tántrica.

Saraha Uno de los primeros Mahasidhas y maestro de Nagaryhuna. Véase *Esencia del vajrayana*.

Semidiós Ser del reino de los semidioses, el segundo reino más elevado de los seis del samsara. Los semidioses son similares a los dioses, pero sus cuerpos, posesiones y entorno son inferiores. Véase *El camino gozoso de buena fortuna*.

Sensación Factor mental cuya función es experimentar objetos agradables, desagradables o neutros. Véase *Cómo comprender la mente*.

Ser de los infiernos Ser del reino de los infiernos, el reino inferior de los seis del samsara. Véase *El camino gozoso de buena fortuna*.

Ser sintiente Ser cuya mente está contaminada por las perturbaciones mentales o sus impresiones. El término *ser sintiente* se utiliza para distinguir a aquellos seres cuyas mentes están ofuscadas por cualquiera de las dos obstrucciones, de los Budas, cuyas mentes están libres por completo de ellas.

Ser Superior *Arya* en sánscrito. Aquel que posee una realización directa de la vacuidad. Hay Seres Superiores hinayanas y mahayanas.

Sugata Es un epíteto sánscrito de Buda. Indica que los Budas han alcanzado un estado de gozo inmaculado e indestructible.

Sutra Enseñanzas de Buda que pueden practicarse sin necesidad de haber recibido una iniciación. Incluyen las instrucciones que Buda enseñó durante los tres giros de la rueda del Dharma. Véase *Budismo moderno.*

Sutras de la perfección de la sabiduría Sutras que Buda enseñó durante el segundo giro de la Rueda del Dharma, en los que revela su visión final acerca de la naturaleza última de todos los fenómenos –la vacuidad de existencia inherente–. Véase *Nuevo corazón de la sabiduría.*

Sutra del corazón Uno de los *Sutras de la perfección de la sabiduría* que Buda enseñó. Aunque es mucho más corto que los otros, contiene de manera explícita o implícita su significado completo. Se conoce también como el *Sutra de la esencia de la sabiduría.* Para una traducción y un comentario completo véase *Nuevo corazón de la sabiduría.*

Tantra Término sinónimo de *mantra secreto*. Las enseñanzas del mantra secreto se diferencian de las del sutra en que revelan métodos para el adiestramiento de la mente con los que se trae el resultado futuro o Budeidad al camino presente. El practicante del mantra secreto se protege de las apariencias y concepciones ordinarias visualizando su cuerpo, sus disfrutes, su entorno y sus acciones como los de un Buda. El tantra es el camino supremo a la iluminación total. Las prácticas tántricas han de realizarse en privado y solo los que han recibido una iniciación tántrica pueden adiestrarse en ellas. Véanse *Caminos y planos tántricos* y *Mahamudra del tantra.*

Tantra del yoga supremo El camino rápido supremo que nos conduce a la iluminación. Las enseñanzas del tantra del yoga supremo presentan la intención última de Buda. Véase también TANTRA. Véanse *Budismo moderno, Caminos y planos tántricos* y *Mahamudra del tantra.*

Tierra pura Entorno puro donde no hay sufrimientos verdaderos. Existen numerosas tierras puras. Por ejemplo, Tushita es la tierra pura de Buda Maitreya, Sukhavati es la de Buda Amitabha y la Tierra de las Dakinis, o *Keajra,* es la de Buda Heruka y Buda Vajrayoguini. Véase *Una vida con significado, una muerte gozosa.*

Transferencia de consciencia *Poua* en tibetano. Práctica para transferir la consciencia a una tierra pura al morir. Véase *Una vida con significado, una muerte gozosa.*

Triyhang Rimpoché, Vajradhara (1901-1981) Gran lama tibetano del siglo XX, emanación de Buda Shakyamuni, Heruka, Atisha, Amitabha y Yhe Tsongkhapa. También se le conoce como *Kyabyhe Triyhang Rimpoché* y *Losang Yeshe.*

Vajradhara Fundador del tantra o vajrayana. Su continuo mental es el mismo que el de Buda Shakyamuni, pero presenta un aspecto diferente. Buda Shakyamuni aparece con el aspecto del Cuerpo de Emanación, y el Vencedor Vajradhara, con el del Cuerpo de Deleite. Él mismo dijo que en tiempos de degeneración aparecería como un Guía Espiritual bajo el aspecto de un ser ordinario. Véase *Gran tesoro de méritos.*

Vajradharma Manifestación de la palabra de todos los Budas. Su aspecto es el mismo que el de Vajradhara excepto que su color es rojo. Se puede visualizar de tres maneras: en su aspecto externo como el Héroe Vajradharma, en su aspecto interno como Buda Vajradharma o en su aspecto secreto como Buda Vajradharma con consorte. Véase *Nueva guía del Paraíso de las Dakinis.*

Vajrasatva Agregado de la consciencia de todos los Budas, que se manifiesta en el aspecto de una Deidad de color blanco para purificar las faltas de los seres sintientes. Su naturaleza es la misma que la de Buda Vajradhara y solo se diferencian en su aspecto. La práctica de la meditación y recitación de Vajrasatva es un método muy poderoso para purificar nuestra mente y acciones impuras. Véase *Nueva guía del Paraíso de las Dakinis*.

Visión superior Sabiduría especial que percibe su objeto con claridad y que se mantiene con la permanencia apacible y la flexibilidad especial inducida por la investigación. Véase *El camino gozoso de buena fortuna*.

Yhe Phabongkhapa (1878-1941) Gran lama tibetano, emanación de Heruka. Sostenedor de numerosos linajes de sutra y mantra secreto, y Guru raíz de Vajradhara Triyhang Rimpoché.

Yoga Término utilizado para referirse a ciertas prácticas espirituales en las que se mantiene una visión especial, como el yoga del Guru y los yogas del dormir, despertar y experimentar néctar. *Yoga* también significa 'unión', como la unión de la permanencia apacible y la visión superior. Véase *Nueva guía del Paraíso de las Dakinis*.

Lecturas recomendadas

El venerable Gueshe Kelsang Gyatso Rimpoché es un gran maestro de meditación e ilustre erudito de la tradición de budismo mahayana fundada por Yhe Tsongkhapa. Desde que llegó al Occidente en 1977, el venerable Gueshe Kelsang ha trabajado de manera infatigable para establecer el Budadharma puro por todo el mundo. Durante este tiempo ha impartido extensas enseñanzas sobre las principales escrituras mahayanas. Estas enseñanzas se han publicado en inglés y traducido a numerosas lenguas y constituyen una exposición completa de las prácticas esenciales del sutra y el tantra del budismo mahayana.

Libros

Títulos del venerable Gueshe Kelsang Gyatso Rimpoché publicados por Editorial Tharpa, disponibles como librillos impresos, eBooks y audios:

Budismo moderno El camino de la compasión y la sabiduría.

Caminos y planos tántricos Cómo entrar en el camino vajrayana, recorrerlo y completarlo.

Cómo comprender la mente La naturaleza y el poder de la mente.

Cómo solucionar nuestros problemas humanos Las cuatro nobles verdades.

Compasión universal Soluciones inspiradoras para tiempos difíciles.

Cómo transformar tu vida Un viaje gozoso.

El camino gozoso de buena fortuna El sendero budista completo hacia la iluminación.

El espejo del Dharma Cómo descubrir el verdadero significado de la vida humana.

El voto del Bodhisatva Guía práctica para ayudar a los demás.

Esencia del vajrayana La práctica del tantra del yoga supremo del mandala corporal de Heruka.

Gema del corazón Las prácticas esenciales del budismo kadampa.

Guía de las obras del Bodhisatva Cómo disfrutar de una vida altruista y llena de significado. Traducción de la célebre obra maestra de Shantideva.

Introducción al budismo Una presentación del modo de vida budista.

Las instrucciones orales del Mahamudra La esencia de las enseñanzas de Buda sobre el sutra y el tantra.

Mahamudra del tantra Introducción a la meditación del tantra.

***Nueva guía del Paraíso de las Dakin*is La práctica del tantra del yoga supremo de Buda Vajrayoguini.

Nuevo corazón de la sabiduría Profundas enseñanzas del corazón de Buda (una exposición del *Sutra del corazón*).

Nuevo manual de meditación Meditaciones para una vida feliz y llena de significado.

Nuevo ocho pasos hacia la felicidad El modo budista de amar.

Océano de néctar La verdadera naturaleza de todos los fenómenos.

Tesoro de contemplación El modo de vida del Bodhisatva.

Una vida con significado, una muerte gozosa La profunda práctica de la transferencia de consciencia.

En proceso de traducción

Gran tesoro de méritos Cómo confiar en el Guía Espiritual.

La luz clara del gozo Manual de meditación tántrica.

Sadhanas y otros textos

El venerable Gueshe Kelsang Gyatso Rimpoché ha supervisado personalmente la traducción de una colección esencial de *sadhanas* –oraciones rituales para el logro de realizaciones espirituales– y otros textos, disponibles como librillos impresos, eBooks y audios:

1. ***Adiestramiento de la mente en ocho estrofas*** Texto raíz del adiestramiento de la mente.

2. ***Asamblea de buena fortuna*** Práctica del tsog del mandala corporal de Heruka.

3. ***Budismo kadampa moderno***

4. ***Ceremonia de poua*** Transferencia de consciencia para los difuntos.

5. ***Ceremonia del refugio mahayana*** y ***Ceremonia del voto del Bodhisatva*** Ceremonias rituales para acumular méritos para el beneficio de todos los seres.

6. ***Ceremonia del voto pratimoksha para el laico***

7. ***Cientos de Deidades de la Tierra Gozosa según el tantra del yoga supremo*** El yoga del Guru Yhe Tsongkhapa como práctica preliminar del Mahamudra.

8. ***Cómo rellenar y bendecir estatuas*** Instrucciones para rellenar y bendecir las estatuas de Budas.

9. ***Confesión de las caídas morales del Bodhisatva*** Práctica de purificación del *Sutra mahayana de los tres cúmulos superiores*.

10. ***Destreza para enseñar*** Programa especial de formación de maestros de budismo kadampa.

11. ***El camino de la compasión para el difunto*** Sadhana de poua por el beneficio del difunto.

12. ***El camino de la compasión para el moribundo*** Sadhana de poua por el beneficio del moribundo.

13. ***El camino gozoso*** Sadhana concisa de la autogeneración como Vajrayoguini.

14. ***El camino hacia la tierra pura*** Sadhana para el adiestramiento en la práctica de poua, la transferencia de consciencia.

15. ***El camino rápido al gran gozo*** Sadhana extensa para realizar la autogeneración como Vajrayoguini.

16. ***El cielo de Keajra*** Comentario esencial a la práctica de El yoga inconcebible extraordinario.

17. ***El melodioso tambor que vence en todas las direcciones*** El ritual extenso de cumplimiento y renovación de nuestro compromiso con el Protector del Dharma, el gran rey Doryhe Shugden, junto con Mahakala, Kalarupa, Kalindevi y otros Protectores del Dharma.

18. ***El modo de vida kadampa*** La práctica esencial del Lamrim kadam: *Consejos de corazón de Atisha* y *Los tres aspectos principales del camino hacia la iluminación* de Yhe Tsongkhapa.

19. ***El Tantra raíz de Heruka y Vajrayoguini*** Capítulos uno y cincuenta y uno del *Tantra raíz conciso de Heruka.*

20. ***El yoga de Arya Tara, la Madre Iluminada*** Sadhana de autogeneración.

21. ***El yoga de Avalokiteshvara de mil brazos*** Sadhana de autogeneración.

22. ***El yoga de Buda Amitayus*** Método especial para lograr longevidad e incrementar méritos y sabiduría.

23. ***El yoga de Buda Heruka*** Sadhana esencial de la autogeneración del mandala corporal de Heruka y yoga conciso de las seis sesiones.

24. ***El yoga de Buda Maitreya*** Sadhana de autogeneración.

25. *El yoga de Buda Vajrapani* Sadhana de autogeneración.

26. *El yoga de la Gran Madre Prajnaparamita* Sadhana de autogeneración.

27. *El yoga de Tara Blanca, el Buda de Larga Vida* Práctica con Tara Blanca, Deidad femenina iluminada para obtener larga vida, sabiduría y buena fortuna.

28. *El yoga inconcebible extraordinario* Instrucción especial para alcanzar la tierra pura de Keajra con el presente cuerpo humano.

29. *Esencia de buena fortuna* Oraciones de las seis prácticas preparatorias para la meditación de las etapas del camino hacia la iluminación.

30. *Esencia del vajrayana* Sadhana de autogeneración del mandala corporal de Heruka según el sistema del Mahasidha Ghantapa.

31. *Gema del corazón* Yoga del Guru Yhe Tsongkhapa en combinación con la sadhana abreviada del Protector Doryhe Shugden.

32. *Gota de esencia de néctar* Práctica especial de ayuno y práctica de purificación con Buda Avalokiteshvara de once rostros.

33. *Joya preliminar para el retiro del mandala corporal de Heruka*

34. *La fiesta del gran gozo* Sadhana para realizar la autoiniciación de Vajrayoguini.

35. *La gema que colma todos los deseos* Práctica del yoga del Guru Yhe Tsongkhapa en combinación con la sadhana mediana del Protector Doryhe Shugden.

36. *La gran liberación de la Madre* Oraciones preliminares para la meditación del Mahamudra en combinación con la práctica de Vajrayoguini.

37. ***La gran liberación del Padre*** Oraciones preliminares para la meditación del Mahamudra en combinación con la práctica de Heruka.

38. ***La Gran Madre*** Método para eliminar obstáculos e interferencias con la recitación del *Sutra de la esencia de la sabiduría* (*Sutra del corazón*).

39. ***La joya preliminar*** Preliminares concisas para el retiro de Vajrayoguini.

40. ***La nueva esencia del vajrayana*** Práctica de autogeneración del mandala corporal de Heruka, una instrucción del linaje oral de Ganden.

41. ***Liberación del dolor*** Alabanzas y súplicas a las veintiuna Taras.

42. ***Los votos y compromisos del budismo kadampa***

43. ***Manual para la práctica diaria de los votos del Bodhisatva y los votos tántricos***

44. ***Meditación y recitación del Vajrasatva Solitario*** Práctica de purificación.

45. ***Nuevo manual de ordenación*** Nuevo manual de ordenación de la tradición kadampa.

46. ***Ofrenda al Guía Espiritual*** (*Lama Chopa*) Una manera especial de confiar en nuestro Guía Espiritual.

47. ***Ofrenda de fuego de Vajradaka*** Práctica para purificar las faltas e impurezas.

48. ***Ofrenda de fuego de Vajrayoguini***

49. ***Ofrenda de fuego del mandala corporal de Heruka***

50. ***Oración del Buda de la Medicina*** Un método para beneficiar a los demás.

51. ***Oración liberadora*** Oración a Buda Shakyamuni

52. ***Oraciones para meditar*** Breves oraciones preparatorias para la meditación.

53. ***Oraciones por la paz en el mundo***

54. ***Oraciones sinceras*** Funeral para cremaciones y entierros.

55. ***Poua concisa***

56. ***Práctica concisa de Buda Amitayus***

57. ***Preliminares para el retiro de Vajrayoguini***

58. ***Rey del Dharma*** Método para realizar la autogeneración como Yhe Tsongkhapa.

59. ***Sadhana de Avalokiteshvara*** Oraciones y súplicas al Buda de la Compasión.

60. ***Sadhana de Samayavajra***

61. ***Sadhana del Buda de la Medicina*** Un método para alcanzar las realizaciones del Buda de la Medicina.

62. ***Súplica al sagrado Guía Espiritual venerable Gueshe Kelsang Gyatso de sus fieles discípulos***

63. ***Tesoro de sabiduría*** Sadhana del venerable Manyhushri.

64. ***Un viaje gozoso*** Cómo realizar el retiro de aproximación del mandala corporal de Heruka.

65. ***Una vida pura*** Práctica para recibir y mantener los ocho preceptos mahayanas.

66. ***Unión de No Más Aprendizaje*** Sadhana de la autoiniciación del mandala corporal de Heruka.

67. ***Yoga de la Dakini*** La sadhana media de autogeneración como Vajrayoguini.

Para realizar un pedido de estas publicaciones o solicitar un catálogo, visite www.tharpa.com o póngase en contacto con la oficina de Editorial Tharpa más próxima (véase el listado de oficinas en la página 289).

NKT-IKBU

Programas de estudio de budismo kadampa

El budismo kadampa es una escuela de budismo mahayana fundada por el gran maestro indio Atisha (982-1054). Sus seguidores se conocen con el nombre de *kadampas*. *Ka* significa 'palabra' y se refiere a las enseñanzas de Buda, y *dam*, a las instrucciones especiales del Lamrim, las etapas del camino hacia la iluminación, que Atisha enseñó. Los budistas kadampas integran su conocimiento de todas las enseñanzas de Buda en su práctica del Lamrim, que aplican en la vida diaria, y de este modo las utilizan como métodos prácticos para transformar sus actividades en el camino hacia la iluminación. Los grandes maestros kadampas son famosos, no solo por su gran erudición, sino también por su inmensa pureza y sinceridad espiritual.

El linaje de estas enseñanzas, tanto la transmisión oral de las instrucciones como sus bendiciones, fue transmitido de maestro a discípulo y se difundió primero por gran parte del continente asiático y en la actualidad por muchos países del mundo moderno. Las enseñanzas de Buda reciben el nombre de *Dharma* y se dice que son como una rueda que se traslada de un lugar a otro según cambian las condiciones e inclinaciones kármicas de sus habitantes. La presentación externa del budismo puede cambiar para adaptarse a las diversas culturas y sociedades, pero su verdadera esencia permanece intacta gracias al linaje ininterrumpido de practicantes realizados.

El budismo kadampa fue introducido en Occidente por el venerable Gueshe Kelsang Gyatso Rimpoché en 1977. Desde entonces, este maestro budista ha trabajado de manera infatigable para difundir este precioso Dharma por todo el mundo, ha impartido enseñanzas, escrito profundos libros y comentarios sobre budismo kadampa y fundado la Nueva Tradición Kadampa – Unión Internacional de Budismo Kadampa (NKT – IKBU), que ya cuenta con más de mil centros y grupos de budismo kadampa por todo el mundo. En cada centro se ofrecen programas de estudio sobre psicología y filosofía budista, instrucciones para la meditación y retiros para practicantes de todos los niveles. En ellos se enseña principalmente cómo integrar las enseñanzas de Buda en la vida diaria para resolver nuestros problemas humanos y difundir la paz y la felicidad por todo el mundo

El budismo kadampa de la NKT–IKBU es una tradición budista independiente que no tiene vinculación política alguna. Es una asociación de centros y practicantes budistas que se guían e inspiran a través del ejemplo de los maestros kadampas de antaño y sus enseñanzas, tal y como las presenta el venerable Gueshe Kelsang.

Hay tres razones por las que debemos estudiar y practicar las enseñanzas de Buda: para desarrollar nuestra sabiduría, cultivar un buen corazón y mantener paz mental. Si no nos esforzamos por desarrollar nuestra sabiduría, nunca conoceremos la verdad última, la verdadera naturaleza de la realidad. Aunque deseamos ser felices, ofuscados por la ignorancia cometemos todo tipo de acciones perjudiciales, que constituyen la causa principal de nuestro sufrimiento. Si no cultivamos un buen corazón, nuestra motivación egoísta destruirá nuestras buenas relaciones y la armonía con los demás. No encontraremos paz ni verdadera felicidad. Sin paz interior, la paz externa es imposible. Sin paz mental no podemos ser felices aunque dispongamos de las mejores condiciones externas. En cambio, cuando disfrutamos de paz mental, somos felices aunque las circunstancias que nos rodeen sean adversas. Por lo tanto, es evidente que debemos cultivar estas cualidades para ser felices.

El venerable Gueshe Kelsang o *Gueshela*, como lo llaman afectuosamente sus estudiantes, ha diseñado tres programas espirituales especiales para el estudio estructurado y la práctica del budismo kadampa adaptados a la sociedad actual: el Programa General (PG), el Programa Fundamental (PF) y el Programa de Formación de Maestros (PFM).

PROGRAMA GENERAL

El **Programa General** ofrece una introducción básica a la visión, meditación y práctica budistas y es ideal para principiantes. Incluye también enseñanzas y prácticas avanzadas, tanto de sutra como de tantra.

PROGRAMA FUNDAMENTAL

El **Programa Fundamental** va dirigido a aquellos que desean profundizar en su comprensión y experiencia del budismo y consiste en el estudio estructurado de los seis textos siguientes:

1. *El camino gozoso de buena fortuna*, comentario a las instrucciones del Lamrim de Atisha conocidas como *Etapas del camino hacia la iluminación*.
2. *Compasión universal*, comentario al *Adiestramiento de la mente en siete puntos*, del Bodhisatva Chekaua.
3. *Nuevo ocho pasos hacia la felicidad*, comentario al *Adiestramiento de la mente en ocho estrofas*, del Bodhisatva Langri Tangpa.
4. *Nuevo corazón de la sabiduría*, comentario al *Sutra del corazón*.
5. *Tesoro de contemplación*, comentario a la *Guía de las obras del Bodhisatva*, del Bodhisatva Shantideva.
6. *Cómo comprender la mente*, exposición detallada de la mente según los textos de los eruditos budistas Dharmakirti y Dignaga.

El estudio de estas obras nos aporta numerosos beneficios, que se resumen a continuación:

1) *El camino gozoso de buena fortuna:*
Nos enseña a poner en práctica todas las enseñanzas de Buda, tanto de sutra como de tantra. Si lo estudiamos y practicamos, progresaremos con facilidad y completaremos las etapas del camino hacia la felicidad suprema de la iluminación. Desde un punto de vista práctico, el Lamrim constituye el cuerpo principal de las enseñanzas de Buda, mientras que sus otras instrucciones son como los miembros.

2) y 3) *Compasión universal* y *Nuevo ocho pasos hacia la felicidad*:
Estas obras nos muestran cómo integrar las enseñanzas de Buda en la vida diaria y a resolver todos nuestros problemas humanos.

4) *Nuevo corazón de la sabiduría*:
Nos muestra cómo alcanzar la realización de la naturaleza última de la realidad, con la que podemos eliminar la mente ignorante de aferramiento propio, la raíz de todo nuestro sufrimiento.

5) *Tesoro de contemplación*:
Con esta obra aprendemos a transformar nuestras actividades diarias en el camino y modo de vida del Bodhisatva, llenando de significado cada momento de nuestra vida.

6) *Cómo comprender la mente*:
En este texto se expone la relación entre nuestra mente y los objetos externos. Si comprendemos que los objetos dependen de la mente subjetiva, podremos cambiar la manera en que los percibimos transformando nuestra mente. Poco a poco adquiriremos la habilidad de controlar la mente y así podremos resolver todos nuestros problemas.

PROGRAMA DE FORMACIÓN DE MAESTROS BUDISTAS

El **Programa de Formación de Maestros Budistas** atiende a las necesidades de los que desean convertirse en auténticos maestros de Dharma. En este programa se estudian catorce textos de sutra y de tantra, incluidos los seis ya mencionados, y además los participantes deben mantener determinadas pautas de comportamiento y modo de vida, y completar varios retiros de meditación.

En el Manjushri KMC, en Ulverston, Inglaterra, se imparte el **Programa Especial de Formación de Maestros Budistas**, que puede cursarse en el propio centro o también por correspondencia. Este programa especial de meditación y estudio, de tres años de duración, comprende seis cursos que están basados en los libros del venerable Gueshe Kelsang: *Cómo comprender la mente*, *Budismo moderno*, *Nuevo corazón de la sabiduría*, *Caminos y planos tántricos*, *Guía de las obras del Bodhisatva*, de Shantideva y su comentario *Tesoro de contemplación*, y *Océano de néctar*.

Todos los centros de budismo kadampa están abiertos al público. Cada año se celebran festivales en diversos países, incluidos dos en Inglaterra, a los que acuden personas de todo el mundo para recibir enseñanzas e iniciaciones y disfrutar de vacaciones espirituales. Puede visitarnos cuando lo desee.

Si desea más información sobre los programas de estudio de la NKT – IKBU o buscar el centro más cercano, puede visitar el sitio web www.kadampa.org/es o dirigirse a:

CENTROS DE MEDITACIÓN KADAMPA

EN ESPAÑA:

Barcelona: Mahakaruna KMC Barcelona – Centro de Meditación Kadampa
C/ Girona, 102
08009 Barcelona, España
Tel.: (+34) 93 4950851
info@meditacionenbarcelona.org
www.meditacionenbarcelona.org

Barcelona – Montserrat: Mahakaruna KMC Barcelona – Centro de Meditación Kadampa
Masía Ca l'Esteve
Urb. Ca l'Esteve 129 B
08253 Sant Salvador de Guardiola (Barcelona), España
Coordenadas: 41° 39′ 31,1″ N - 10° 45′ 29,9″ E
Tel.: (+34) 93 8358077
info@meditacionenbarcelona.org
www.meditacionenbarcelona.org

Madrid: Centro de Meditación Kadampa Vajrayana
C/ Manuela Malasaña, 26
28004 Madrid, España
Tel.: (+34) 91 7557535
info@meditaenmadrid.org
www.meditaenmadrid.org

Madrid – Majadahonda: Centro de Meditación Kadampa Vajrayana
C/ Fábrica 8
28221 Majadahonda (Madrid), España
Tel.: (+34) 91 6362091
info@meditaenmadrid.org
www.meditaenmadrid.org

Málaga – Alhaurín el Grande: Centro de Meditación Kadampa de España
Camino Fuente del Perro s/n
29120 Alhaurín el Grande (Málaga), España
Tel.: (+34) 952 490918
info@meditaenmalaga.org
www.meditaenmalaga.org

Málaga: Centro de Meditación Kadampa de Málaga
C/ Cuarteles nº 7, local 2
29002 Málaga, España
Tel.: (+34) 952 490918
info@meditaenmalaga.org
www.meditaenmalaga.org

EN MÉXICO:

Ciudad de México: Centro de Meditación Kadampa de México A.R.
Enrique Rébsamen #406, Col. Narvarte Poniente
C.P. 03020, México D.F., México
Tels.: (+52/01) 55 56 39 61 80/86
info@kadampamexico.org
www.kadampamexico.org

Ciudad de México: Centro de Meditación Kadampa de México A.R.
Jalapa No. 113, casi esq. con Álvaro Obregón,
Col. Roma Norte Tel. 5264 – 3147
templo@kadampamexico.org
www.templokadampamexico.org

Guadalajara: Centro de Meditación Kadampa de Guadalajara
Avenida Miguel Hidalgo #1220 esquina con Ghilardi, Colonia Americana
C.P. 41160, Guadalajara, Jalisco, México
Tel: (+52) 33 3825 6136
info@meditarenguadalajara.org
www.meditarengdl.org

Monterrey NL: Centro de Meditación Kadampa de Monterrey NL
Buenos Aires 150, col Altavista casi esquina con Eugenio Garza Sada, Zona Tec
C.P. 64840,Monterrey NL, México
Tel: 01 (81) 1306 5204
01 (81) 8359 2803
info@meditarenmonterrey.org
www.meditarenmonterrey.org

EN ARGENTINA:

Buenos Aires: Centro de Meditación Kadampa Argentina
Serrano 1316, Palermo
C1414DFB Buenos Aires, Argentina
Tel. +54 (11) 4778-1219 / (15) 6149-5976
info@meditarenargentina.org
www.meditarenargentina.org

EN EL REINO UNIDO:

Oficina de la NKT en el Reino Unido
Manjushri Kadampa Meditation Centre
Conishead Priory
Ulverston, Cumbria LA12 9QQ, Inglaterra
Tel.: +44 (0) 1229 584029
Fax: +44 (0) 1229 580080
info@kadampa.org
www.kadampa.org

EN LOS ESTADOS UNIDOS:

Oficina de la NKT en los Estados Unidos
Kadampa Meditation Center New York
47 Sweeney Road
Glen Spey
NY 12737, Estados Unidos de América
Tel.: +1 845-856-9000
Fax: +1 845-856-2110
info@kadampanewyork.org
www.kadampanewyork.org

Oficinas de Tharpa en el mundo

Los libros de Tharpa se publican en español, alemán, chino, francés, griego, inglés británico y estadounidense, italiano, japonés, portugués y vietnamita. En las oficinas de Tharpa podrá encontrar libros en estas lenguas.

Oficina en España
Editorial Tharpa España
C/ Fábrica, 8
28221, Majadahonda
Madrid, España
Tel.: (+34) 91 1124914
info.es@tharpa.com
www.tharpa.com/es

Oficina en México
Enrique Rébsamen nº 406
Col. Narvarte Poniente,
C.P. 03020
México D.F., México
Tels.: (+52/01) 55 56 39 61
80/86
tharpa@kadampa.org.mx
www.tharpa.com/mx

Oficina en Alemania
Tharpa Verlag Deutschland,
Chausseestraße 108
10115 Berlin , Alemania
Tel: +49 (0) 33055 222135
Fax : +49 (0) 33055 222139
info.de@tharpa.com
www.tharpa.com/de

Oficina en Asia
Tharpa Asia
1st Floor Causeway Tower, 16-22
Causeway Road, Causeway Bay,
Hong Kong
Tel: +(852) 2507 2237
info.asia@tharpa.com
www.tharpa.com/hk-en

Oficina en Australia
Tharpa Publications Australia
25 McCarthy Road (PO Box 63)
Monbulk, Vic 3793, Australia
Tel: +61 (3) 9752 0377
info.au@tharpa.com
www.tharpa.com/au

Oficina en Brasil
Editora Tharpa Brasil
Rua Artur De Azevedo, 1360
São Paulo - SP, Brasil
Tel/Fax: +55 (11) 3476 2328
info.br@tharpa.com
www.tharpa.com.br

Oficina en Canadá
Tharpa Publications Canada
631 Crawford St,
Toronto, ON, M6G 3K1,
Canadá
Tel: +1 (416) 762-8710
Fax: +1 (416) 762-2267
Toll-free: 866-523-2672
info.ca@tharpa.com
www.tharpa.com/ca

Oficina en los Estados Unidos de América
Tharpa Publications US
47 Sweeney Road
Glen Spey, NY 12737, Estados Unidos de América
Tel: +1 845-856-5102
Fax: +1 845-856-2110
info.us@tharpa.com
www.tharpa.com/us

Oficina en Francia
Editions Tharpa
Château de Segrais
72220 Saint-Mars-d'Outillé, Francia
Tel : +33 (0)2 43 87 71 02
Fax : +33 (0)2 76 01 34 10
info.fr@tharpa.com
www.tharpa.com/fr

Oficina en Japón
Tharpa Japan
Dai 5 Nakamura Kosan Biru #501
Shinmachi 1-29-16, Nishi-ku
Osaka, 550-0013, Japón
Tel : (+81) 665 327632
info.jp@tharpa.com
www.tharpa.com/jp

Oficina en el Reino Unido
Tharpa Publications UK
Conishead Priory
Ulverston
Cumbria, LA12 9QQ, Inglaterra
Tel: +44 (0)1229-588599
Fax: +44 (0)1229-483919
info.uk@tharpa.com
www.tharpa.com/uk

Oficina en Sudáfrica
Mahasiddha Kadampa Buddhist Centre
12a Winston Rd, Westville,
Durban 3630, Sudáfrica
Tel : (+27) 31 266 0148
info.za@tharpa.com
www.tharpa.com/za

Oficina en Suiza
Tharpa Verlag AG
Mirabellenstrasse 1
CH-8048 Zürich, Suiza
Tel: (+41) 44 401 02 20
Fax: (+41) 44 461 36 88
info.ch@tharpa.com
www.tharpa.com/ch

Índice analítico

La letra *g* indica que el término aparece en el glosario

E

F

T

Obras seleccionadas

Si ha disfrutado leyendo este libro y quiere aprender más sobre el pensamiento y la práctica budistas, le presentamos una breve selección de otras obras del venerable Gueshe Kelsang Gyatso Rimpoché publicadas por Editorial Tharpa que puede leer en formato impreso o eBook o escuchar en audio.

CÓMO TRANSFORMAR TU VIDA
Un viaje gozoso

Un práctico manual para la vida diaria que nos muestra cómo generar y mantener paz interior, cómo reducir y superar nuestros problemas y cómo transformar nuestra vida de manera positiva para poder disfrutar de felicidad profunda y duradera. Edición completamente renovada de uno de los libros más populares y accesibles del venerable Gueshe Kelsang Gyatso Rimpoché.

Para adquirir el eBook gratis de *Cómo transformar tu vida* visite: www.comotransformartuvida.com

BUDISMO MODERNO
El camino de la compasión y la sabiduría

Si cultivamos la compasión y la sabiduría y las mantenemos en nuestras actividades diarias, podremos transformar nuestra vida, mejorar las relaciones con los demás y ver más allá de las apariencias para comprender cómo son las cosas en realidad. De este modo, seremos capaces de solucionar todos nuestros problemas cotidianos y daremos verdadero sentido a nuestra vida. Con las alas de la compasión y la sabiduría es posible alcanzar con rapidez el mundo iluminado de un Buda.

Para adquirir el eBook gratis de *Budismo moderno* visite: www.budismomoderno.com

CÓMO COMPRENDER LA MENTE
La naturaleza y el poder de la mente

Este libro nos ofrece una profunda visión de nuestra mente y nos muestra cómo integrar el entendimiento de su naturaleza y funciones de manera práctica en las experiencias diarias para mejorar nuestra vida. La primera parte es una guía práctica para generar y mantener una mente positiva y abierta –nos muestra cómo identificar los estados mentales que nos perjudican y la manera de abandonarlos y reemplazarlos por otros beneficiosos y apacibles–. En la segunda parte se describen con detalle las diversas clases de mente y se revela la profundidad del conocimiento budista sobre la mente. Al final hay una exposición detallada sobre la meditación, que muestra que si controlamos y transformamos nuestra mente, alcanzaremos un estado duradero de gozo, que no está condicionado por las circunstancias externas.

EL CAMINO GOZOSO DE BUENA FORTUNA
El sendero budista completo hacia la iluminación

Todos tenemos el potencial para transformarnos y una capacidad ilimitada para desarrollar buenas cualidades, pero para lograrlo necesitamos saber qué hacer en cada etapa de nuestro camino espiritual.

Este libro nos ofrece una exposición detallada del camino completo hacia la iluminación, con una presentación que muestra las enseñanzas de Buda paso a paso para que al lector de los tiempos modernos le resulte muy fácil ponerlas en práctica. Una guía perfecta del camino budista.

«Este libro es de inestimable valor.» World Religions in Education

LAS INSTRUCCIONES ORALES DEL MAHAMUDRA
La verdadera esencia de las enseñanzas de Buda sobre el sutra y el tantra.

Este precioso libro nos revela la práctica extraordinaria del Mahamudra tántrico del linaje oral de Ganden, que el autor recibió directamente de su Guía Espiritual, Vajradhara Triyhang Rimpoché. En él se expone con claridad y de manera concisa el camino espiritual completo, desde las prácticas preliminares hasta las fases finales de la etapa de consumación del tantra del yoga supremo que nos permiten alcanzar la iluminación en esta misma vida.

NUEVO OCHO PASOS HACIA LA FELICIDAD
El modo budista de amar

Esta preciosa obra nos muestra cómo transformar las dificultades de la vida en experiencias espirituales de gran valor mediante la práctica de meditación de una de las escrituras budistas más apreciadas, *Adiestramiento de la mente en ocho estrofas*, compuesto por el gran Bodhisatva tibetano Gueshe Langri Tangpa. El autor revela métodos prácticos para aplicar esta sabiduría que trasciende las fronteras del tiempo y así encontrar felicidad duradera y dar verdadero sentido a nuestra ajetreada vida moderna.

«[...] induce calma y compasión en nuestro ser.» New Humanity Journal

NUEVO MANUAL DE MEDITACIÓN
Meditaciones para una vida feliz y llena de significado

Este práctico manual, que goza de gran popularidad, nos permite descubrir la paz interior y la claridad mental que se obtienen mediante la práctica de la meditación. El autor presenta veintiuna meditaciones que nos conducen paso a paso hacia estados mentales cada vez más apacibles y beneficiosos, y que forman en conjunto el camino budista completo a la iluminación.

«Este manual ofrece una perspectiva general concisa e inspiradora de las muchas maneras en que el budismo puede aplicarse a las situaciones y actividades de la vida cotidiana.»
Spirituality and Health

Para adquirir otras publicaciones o pedir el catálogo de Editorial Tharpa, por favor, visite www.tharpa.com o póngase en contacto con la oficina de Tharpa más cercana, que puede encontrar en Oficinas de Tharpa en el mundo, página 289.

Encuentre su Centro de Meditación Kadampa más cercano

Si desea profundizar en la comprensión de este libro y de otros publicados por Editorial Tharpa, y poner en práctica sus instrucciones en la vida diaria, puede recibir apoyo e inspiración de maestros cualificados y practicantes.

Editorial Tharpa forma parte de la extensa comunidad espiritual de la Nueva Tradición Kadampa (*New Kadampa Tradition*), que cuenta con numerosos centros y ramas o anexos en más de cuarenta países del mundo. En cada centro se ofrecen programas especiales de estudio de budismo moderno y meditación, que imparten maestros cualificados. Para más información, véase «Programas de Estudio de Budismo Kadampa» (pág. 281).

Estos programas se basan en el estudio de los libros del venerable Gueshe Kelsang Gyatso Rimpoché y están diseñados para adaptarse con facilidad al modo de vida moderno.

Para encontrar el centro Kadampa más cercano, visite: **www.tharpa.com/centros**